小问题，大内涵

在一问一答中带你领略中华文化的魅力

趣味性 · 知识性 · 文化性

考考你

你未必知道的

中华文化常识

孙宜学◎主编

新世界出版社
NEW WORLD PRESS

图书在版编目（CIP）数据

考考你 ：你未必知道的中华文化常识 / 孙宜学主编
-- 北京 ：新世界出版社，2021.5
ISBN 978-7-5104-7319-7

Ⅰ. ①考… Ⅱ. ①孙… Ⅲ. ①中华文化一少儿读物
Ⅳ. ①K203-49

中国版本图书馆CIP数据核字(2021)第140871号

考考你：你未必知道的中华文化常识

主　　编：孙宜学
责任编辑：楼淑敏
特约编辑：崔舒琪
装帧设计：贺玉婷
责任校对：宣　慧
责任印制：王宝根　苏爱玲
出　　版：新世界出版社
网　　址：http://www.nwp.com.cn
社　　址：北京西城区百万庄大街24号（100037）
发 行 部：(010) 6899 5968（电话）(010) 6899 0635（电话）
总 编 室：(010) 6899 5424（电话）(010) 6832 6679（传真）
版 权 部：+8610 6899 6306（电话）nwpcd@sina.com（电邮）
印　　刷：三河市骏杰印刷有限公司
经　　销：新华书店
开　　本：787mm × 1092mm　1/16　**尺寸**：170mm × 240mm
字　　数：200千字　**印张**：15.5
版　　次：2021年5月第1版　2021年5月第1次印刷
书　　号：ISBN 978-7-5104-7319-7
定　　价：48.00元

序

中华优秀传统文化是中华民族延续和发展的基础，传承于人，传承在人。个体的文化传承是民族文化传承的最小单位，也是最基础的单元、最重要的途径。因此，如何“从娃娃抓起”，以优秀的中华文化浸濡青少年的成长全程，是保证中华优秀文化不断推陈出新、传承创新的关键。

优秀的中华文化都源于日常生活，并在不断变化的历史生活中吐故纳新、与时俱进。因此，要让青少年了解中华文化的精华，目前迫切需要一些适合青少年阅读的文化读本，既包含中国优秀文化知识精髓，又通俗易懂、层次丰富、条理清楚、聚焦准确、知今鉴古。这样的读本应“兼具知识的广度与理论的深度”“学术的高度和历史的维度”“精准的角度和客观的态度”“多元的维度与开放的幅度”，等等。

文化的形成融合了复杂多变的历史风云和人文变迁，只有让青少年理解中华文化经典中所蕴含的文化气韵和精血，才能加深他们的文化自信和责任担当意识和能力，孕育为人的胸怀和情怀。

作为中华文化自信、自强、自尊的精神基础，中华文化对世界文明的发展也具有直接的滋养作用，并一直在推动世界不同民族文化和谐相处、共生共进。青少年是将来向世界讲述中国故事的主力军和生力军，我们应帮助他们以“正确的打开方式”，掌握中华文化的精髓和向世界讲好中国故事的方法，使他们在将来成为沟通中国与世界的桥梁，客观真实地推动世界塑造正面的中国形象。

为了实现这一目标，我们编写了这本小书，旨在以生动的方式、丰富的内容、宽广的视域、开放的胸怀，以青少年熟悉的方式了解中华文化经典故事，以细节润人无声，让中华文化与青少年成长有机结合，实现无缝对接，助推以文化人、以文育人。

知人先知己，中外文化互知互通是民心互通互暖的基础，我们也希望中外青少年朋友能以此书为媒，在共同感悟中华文化的情怀与胸怀中找到共鸣，同时加深对本民族文化经典的理解，实现文化的双重认同、多重交融，成为文化朋友，心灵朋友，世界朋友。

这是本书的初心，希望读者朋友能够理解并喜欢。

孙宜学

2021 年 5 月 3 日

于青海湖诗歌节

目录

第一讲 风俗礼仪

目录

第二讲 趣味俗语

目录

第三讲 称谓趣谈

目录

第四讲 民间传说

目录

第五讲 寓言故事

目录

第六讲 成语典故

目录

目录

第七讲 文学艺术

目录

目录

第九讲 文化名人

目录

第十讲 政治军事

目录

第十一讲 哲学思想

目录

第一讲

风俗礼仪·礼俗文化里的淳朴风情

除夕：为什么中国农历的最后一天被称作“除夕”？

“除夕”是中国最重要的节日之一，它指的是中国农历每年最后一天的晚上，即大年初一前夜。由于是农历月末，所以又叫大年三十。

关于除夕还有个神话传说。在很久很久以前，人世间出现了一个名叫“夕”的怪兽。夕兽平时躺在洞穴里睡大觉，一到农历腊月的最后一天，就跑出来找吃的，到处行凶作恶。人们想了许多制服夕的办法，可是都不顶用。渐渐地，牲口被夕吃没了，人口也越来越稀少。后来人们想了一个办法，在农历腊月二十三这天，请灶王爷去天上求玉帝派神仙到人间来“除夕”，也就是“除掉夕兽”的意思。

玉帝听说后，把除夕的事交给了神农办理。神农想到自己有个名叫“年”的小儿子，英勇神武，很适合去完成这个任务，就命小儿子拿着红绫和竹筒跟着灶王爷去往人间。到了农历腊月的最后一天，正当夕又要像从前那样为非作歹时，年在村里人的帮助下用红绫和竹筒打败了夕。从此，人们为了庆祝在腊月的最后一天除掉夕、得胜利，就把这一天叫作年除夕或除夕，红绫和竹筒也渐渐演变成了现在的对联和鞭炮。

在中国，除夕这天的风俗是丰富多彩的。到了除夕这一天，家家户户往往要大扫除，在新的一年来临前将屋里屋外打扫得干干净净，以此表示不让贫穷到家里来的意思。扫除之后，人们会在自己家的门上贴春联，在家中贴上福字、剪纸，挂上灯笼，营造出一派红红火火的节日气氛。到了晚上，吃年夜饭几乎是家家户户的传统习惯。这天，不管人们平时与家人相隔多远，都要争取回到家中，一家人相聚在一起，把最丰盛的食品拿出来，团团圆圆地吃一顿年夜饭。吃完饭后，家人在一起聊家常、看电视、放鞭炮等等，享受天伦之乐，通宵守夜，迎接新一年的到来，这就叫作“守岁”。中国人自古就把家庭看得最为重要，阖家团圆、幸福平安是人们最大的愿望。除夕，作为旧年与新年交接的节点，具有辞旧迎新的重要意义，家家户户也通过一个个历史悠久的传统习俗，来寄托在即将到来的新的一年里对家人、对自己的美好愿景。

春节：春节为什么是中国最盛大的节日？

春节是中国最隆重的传统节日。它从每年的农历正月初一开始到正月十五结束，俗称“过年”。春节的历史很悠久，它起源于殷商时期年头岁尾的祭神祭祖活动，至今已有4000多年。

在春节期间，汉族和一些少数民族都要举行各种活动以示庆祝。这些活动均以祭祀祖神、祭奠祖先、除旧布新、迎禧接福、祈求丰年为主要内容。千百年来，人们使年俗庆祝活动变得异常丰富多彩。每年从农历腊月二十三日起，家家户户扫尘迎春、准备年货，在住宅的大门上粘贴写在红纸上的春联，屋里张贴色彩鲜艳寓意吉祥的年画，门前挂大红灯笼或贴福字及财神、门神像等。福字还可以倒贴，路过的人看到倒贴的福字，就会说：“福到了！”这是“福气到了”的好兆头。所有这些活动都是为了给节日增添足够的喜庆气氛。

春节是个欢乐祥和的节日，也是亲人团聚的日子，离家在外的孩子在过春节时都要回家欢聚。新年的钟声敲过，街上鞭炮齐鸣，响声此起彼伏，家家喜气洋洋，男女老少都穿着节日盛装。人们先给家族中的长者拜年祝寿，初二、初三就开始走亲戚看朋友，相互拜年，道贺祝福。在大街小巷的街市上有舞狮子、耍龙灯、演社火等民俗活动，人们也可以相约一起游花市、逛庙会等。这期间花灯满城，游人满街，热闹非凡，盛况空前，直要闹到正月十五元宵节过后，春节才算真正结束了。

春节也是中华民族优秀传统文化的重要载体，承载着中国人民对故乡和家庭的热爱与依恋，凝聚着华夏人民的生命追求和情感寄托，传承着中国人的社会伦理观念。

清明节：为什么要在清明节这一天祭祀祖先？

清明节是中国最重要的传统节日之一，一般在农历二月中下旬或三月初，公历的四月四日或五日。这是中国古代人民纪念祖先、怀念故去亲人的节日。这一时节，恰逢冬去春来，草木重生，人们会在这一天去扫墓，为先人的坟墓除去杂草，修补墓穴。

清明本是中国农历中的二十四节气之一，是雨水增多、大地呈现春和景明之象的好时候。人们为什么要在这样一个生机勃勃的日子里扫墓呢？其实，这个习俗与寒食节的故事有关。

相传在春秋战国时期，晋国公子重耳被骊姬迫害，流落国外数年后终于回国即位，于是封赏了跟他一同逃亡的大臣，唯独忘记了曾割下大腿肉给他充饥的一个大臣介子推。介子推是个淡泊名利之人，不愿计较功名利禄，就带着自己的母亲隐居于山西绵山。后来有人提醒重耳，重耳觉得十分愧疚，便派人去绵山寻介子推，可是没有找到。重耳认为，如果放火烧山，介子推必定会带着母亲出山逃生，因此用一把大火把绵山烧了。可是介子推却不肯逃出绵山，而是和母亲一起抱着柳树被烧死了。重耳非常懊悔悲伤，命人将介子推母子葬于绵山，并规定从今往后，每年到了介子推的忌日都不许生火。因为禁火，人们就只能在这个日子里吃冷食，所以这个节日被称为寒食节。后来人们也开始在寒食节扫墓，祭拜先人。

本来，寒食节和清明节是两个不同的节日，前者怀旧悼亡，后者求新护生，但因为寒食节一般在清明节的前一天或前两天，日期很接近，所以随着时间的推移，清明节慢慢取代了寒食节。与清明节有关的习俗除了扫墓、祭祀祖先以外，还有踏青、荡秋千、插柳、植树等。清明节已经被列入中国国家级非物质文化遗产名录，是中华民族传统文化的重要组成部分。

端午节：中国人怎样过端午节？

按照中国传统历法，每年的第五个月为“午月”，每个月的第五天为“午日”，而“端”又有“初始”之意，因此五（午）月的第一个午日，也就是每年农历的五月初五，被称作“端午”。最初这一天是中国人祛病防疫的节日，后因诗人屈原在这一天跳江自尽，这个日子便成了纪念屈原的传统节日。中国人有在端午节这一天吃粽子、挂菖蒲和艾叶、喝雄黄酒和赛龙舟的习俗。

公元前 278 年，秦军攻破楚国，楚国三闾大夫屈原忠贞却被贬，眼看国破民苦，心如刀割。农历五月五日，他抱石投汨罗江身死。屈原投江后，楚国百姓划船捞救，但始终不见屈原的尸体。人们荡舟江河之上，寄托哀思，这项活动在此后逐渐发展成为龙舟竞赛。百姓们怕鱼儿吃掉屈原的身体，就拿米团投入江中，后来渐渐演变成吃粽子的习俗。一个医师拿来一坛雄黄酒倒进江里，说要药晕蛟龙水兽以免屈大夫受到伤害，后来就演变成在端午节喝雄黄酒的风俗。

与端午节有关的习俗很多，包括：①佩香囊。香囊由五色丝线缠成，内装中草药如白芷、丁香等，可驱蚊辟秽。②挂艾叶。艾、菖蒲和蒜被称为“端午三友”。端午节这天，人们以菖蒲作宝剑，以艾作鞭子，以蒜头作锤子，认为可以用这三样东西击退蛇、虫和病菌，斩除妖魔。也有人将艾草、菖蒲绑成一束挂在门上以避邪。③驱五毒。古人将蛇、蝎子、壁虎、蜈蚣和蜘蛛称为五毒。

由于夏季天气燥热，人容易生病，加上蛇虫繁殖，易咬伤人，所以在端午节这一天人们就驱五毒以防病。

中秋节：中秋节为什么与月亮有关？

中秋节在农历八月十五，是中国众多传统文化节日之一，又称月夕、秋节、仲秋节、拜月节。根据中国的历法，农历八月在秋季中间，为秋季的第二个月，称为“仲秋”，而八月十五又在“仲秋”之中，故名。

中秋节的主要活动都是围绕“月”进行的，《礼记》早有记载：“秋暮夕月”，意为拜祭月神，要举行迎寒和祭月活动，设香案。

祭月与嫦娥奔月的传说有关。

后羿射日有功，王母赐他不死药。然而，后羿舍不得妻子，暂时把不死药交给嫦娥珍藏。心怀鬼胎的逢蒙趁后羿不在，持剑威逼嫦娥交出不死药。嫦娥危急之时将不死药一口吞了下去，身子立时飘离地面，向天上飞去。嫦娥由于牵挂着丈夫，便飞落到离人间最近的月亮上成了仙。

后羿回家知道此事之后，悲痛欲绝，仰望着夜空呼唤嫦娥。这时他发现月亮格外皎洁明亮，上面有个晃动的身影酷似嫦娥。后羿思念妻子，便到嫦娥喜爱的后花园里，摆上香案，放上嫦娥平时爱吃的蜜食鲜果，遥祭在月宫里的嫦娥。百姓们闻知嫦娥奔月成仙的消息后，也纷纷在月下摆设香案，向善良的嫦娥祈求吉祥平安。从此，中秋节拜月的风俗在民间传开了。

祭月时月饼和西瓜不能少，西瓜通常被切成莲花状。月亮神像要朝向月亮摆放，红烛高燃，全家人依次拜祭月亮，然后由当家主妇切开团圆月饼，而且要根据家里的人口来决定切多少块，不能切多，也不能切少，每块月饼的大小都要一样。

福倒贴：过年时为什么要把“福”字倒贴？

每逢新春佳节时，中国人都会在自己家的屋门上、墙壁上、门楣上张贴大大小小的“福”字，这是中国人“迎春接福”的传统习俗。而“福”字常常是倒着贴的，于是，有的“好心”人会上前去把“福”字摆正，就闹出了笑话。那么，为什么要贴“福”字，而“福”字为什么常要倒着贴呢？

据说民间贴“福”之风开始于姜太公封神之时。各路神仙分派妥当后，姜太公的老婆也伸手来讨神位。姜太公无奈，便把她封为“穷神”，并规定凡是贴了“福”字的地方，穷神都不能去。于是，老百姓便家家贴“福”、燃放鞭炮，驱赶这个不受欢迎的“穷神”。

“福”字在现代人眼里指的是“幸福”，而在过去则指“福气”“福运”。春节贴“福”字，无论是现在还是过去，都寄托了人们对幸福生活的向往，也是对美好未来的祝愿。为了更充分地体现这种向往和祝愿，民间也有人将“福”字倒过来贴。这里的福字倒贴的“倒”字与福气到来的“到”同音。因此，“福”字倒贴也就有了福气来临、幸福到来的寓意。

关于“福”字倒贴的传说也有很多，其中一种说法与清代恭亲王府有关。某年春节前夕，恭亲王府的大管家照例选了“福”字，叫人贴于王府的大门上和其他地方。有个家丁是文盲，不识字，于是就错把“福”字贴倒了。后来恭亲王和福晋看到了，十分气愤，想要严惩这个家丁。大管家站出来替家丁解了围，说福真的到（倒）了，是喜庆之兆。恭亲王转怒为喜。这个故事后来传到了民间，于是家家户户也开始仿效起来，把“福”字倒着贴，以此图一个“福到了”的吉祥气。

中国人自古讲究说吉祥话，讲喜庆语，尤其是在逢年过节的时候更是如此。而倒贴“福”字正是通过谐音，传达了人们渴望福气降临的美好愿望。除此之外，民间有些人也喜欢贴蝙蝠的剪纸，因为蝙蝠的“蝠”与“福”同音，这里也是利用谐音字，来传递幸福的愿景。可见，中国的汉字文化博大精深、内涵丰富。

庙会:“庙会”是在庙里见面的意思吗?

庙会是汉族宗教、娱乐和购物及岁时风俗。庙会的形成和发展与寺庙宗教活动有关。寺庙香客众多，小商贩在庙周围摆小摊赚钱，后来逐渐发展成为固定的活动，所以叫“会”。庙会多在寺庙节日或规定的日期举行，举办场所多在寺庙附近。庙会也是中国人创立和传承的生活文化之一，它的产生、发展和演变与中国人的生活密不可分。

庙会之所以能够源远流长，是因为中国人有着积极乐观、求圆求善、爱好热闹的特点。中国人一直向往与追求美好的生活，无论祭祀还是祈福，人们总是追求享受现实生活的乐趣，而庙会活动正好满足了这种精神需求。中国各地代代相传、精彩绝伦的庙会活动，也是中华文化的一个个侧影。

出门饺子回家面：为什么出门要吃饺子，回家要吃面呢？

由于我国北方主要种植的农作物是小麦，所以面食是主要的食物。“出门饺子回家面”这句俗语就源自我国北方的民间习俗。这里提到了两种食物：饺子和面。

饺子是中国传统的面食之一。俗话说，“好吃不过饺子”，它象征着红红火火、和和美美的幸福生活。团圆喜庆的日子，总是离不开饺子。每年的大年三十晚上，北方家家户户都要吃饺子，全家老少围坐在一起，一边山南海北地聊天，一边和面、擀皮、剁馅、包饺子，浓浓的亲情尽在饺子中融化。过去物质资源不丰富，人们只有在重要的时刻才会吃饺子。同时，饺子的外形酷似金元宝，所以在人们即将离别时，以饺子相送，不仅有盼望对方出行平安顺利的寓意，也包含了希望对方前程似锦、发家致富的美好祝愿。

面，即面条，是历史非常悠久的一道主食。中国的面条种类繁杂，料理多样，几乎各个省份都有自己富有特色的面料理，诸如北京的炸酱面、湖北的热干面、兰州的拉面、四川的担担面等。但“出门饺子回家面”里的“面”却另有一番寓意。面条是细长的，在民俗中，细长的“长”便有了“长长久久”的含义。因此，在待客礼节中，它寓示着常来常往、亲情永恒、回归家乡，从此不再分离。过去人们出行很不方便，而面条又像绳子，寓意拴住来客的马腿，要他多住几天，表示亲热。这浓浓情意，都蕴含在回家吃的第一碗面中。

对于“出门饺子回家面”的讲究，不仅仅是在于吃，更是在饺子和面条中，体现出人与人之间真挚的感情。它历史久远，寓意深长，一直被中国人沿用至今，已成为迎来送往的一个重要礼节，是非常重要的民俗文化。

茶道：茶道是指泡茶的方法吗？

茶道，指的就是品茶之道，是一种以茶修身的生活艺术。中国的茶道是传统文化的重要组成部分，它是中国人在饮用、品尝茶的过程中对茶的认识的总和。茶道起源于中国唐代，后盛行于日本。中国的茶道融汇了儒、佛、道诸家的哲理以及中国各历史时期的思想，人们通过饮茶来明心净性，增强修养，提高审美情趣，树立正确的人生价值取向，创造了高雅的茶精神、茶文化。

中国人自古以来就极其看重人的道德品行，而所谓“茶品”，也象征人品。中国茶道讲求通过茶的品饮来修身养性，陶冶情操，提升道德品质，培养健全人格。人们品茶，不仅是品尝茶水的味道，更重要的是心性的修养、品质的锤炼和人格力量的锻造。人们坚信，只要以宁静淡泊的心情、旷达超逸的襟怀去品茶，就一定能得到道德力量的扩充和精神境界的提升。

中国人还讲究和谐之道。这个“和”字不仅体现在人与大自然的关系上，还表现在人与人之间的关系上。中国是文明古国，礼仪之邦，有着重视礼节的优良传统。中国的茶道在接待客人方面也具有重要意义。沏茶、敬茶的礼仪是有严格规范的，当有客来访时，主人会选用最合来客口味的茶叶、最精美的茶具待客。人们通过敬茶、饮茶来沟通思想，交流感情，创造和谐气氛，增进彼此之间的友情。

茶道是中国传统文化的一部分，随着社会的发展与进步，中国茶文化也已走向世界，成为中国文化的一张名片。

抛绣球:“抛绣球”是一种自由恋爱方式吗?

绣球最早是古代的一种兵器，在两千年前的花山壁画上就已有所记载，当时它是青铜铸制的“飞驼”，为狩猎之用，后来才逐渐演变成用以传情达意、强身健体、娱乐身心的绣球。

“抛绣球”是广西壮族的传统运动之一，也是青年男女互表爱意的流行方式。宋朝时，其盛况如日中天。宋人周去非在《岭外代答》中的记述是:“男女目成，则女受驼而男婚已定”，意思是青年男女互相看中后，姑娘会将绣球扔到小伙子的身上，两人则可不日成婚结对。

在讲究“父母之命，媒妁之言”的封建社会，以抛绣球的方式选择自己的婚姻对象，可以说是一种大胆的、自由的恋爱方式。但是，也正因为这种方式与封建社会格格不入，所以最后并没能成为主流民俗。

拜天地："拜天地"是指向天地朝拜吗？

"拜天地"是中国传统婚姻礼仪，是婚礼过程中最重要的大礼。拜过天地之后，男女就正式结为夫妻。因为古代婚礼中的交拜礼仪都是在室内举行，所以人们还将"拜天地"称为拜堂成亲。这种仪式广泛流行于中国许多地区，一些少数民族也有这个风俗。"拜天地"的风俗是何时形成的呢？

相传女娲造人的时候，开始只造了一个俊俏的后生，这后生虽逍遥自在，但孤单一人，总觉得闷。有天晚上，小伙子寂寞难耐，就对月亮说："给我找个知心人，我世世代代领你的情！"话音刚落，月下老人就领着一个姑娘站在了小伙子面前，他对小伙子说："我到女娲那里，让她又造了一个女人，给你领来了。你们先认识一下，一会儿我给你们办喜事。"小伙子和姑娘一见钟情，情投意合。一会儿，月下老人领着天公和土地两位老人，来到小伙子和姑娘面前，对他们说："你们以后的生活都离不开他们。现在我们给你们办喜事，首先，要拜养育你们的天公和土地。"拜完之后，月下老人笑着说："我给你们牵红线，你们还得拜我。"为了感谢天和地的养育之恩，也为了感激月下老人牵线搭桥的美意，从此以后婚礼上新郎和新娘都必须：一拜天地，二拜月老，三拜父母。后来，古代的"媒婆"代替了月老的职能，因此"拜天地"的仪式也变成了"一拜天地，二拜高堂（父母），夫妻对拜"，并流传至今。

结发夫妻：夫妻为什么要“结发”？

旧时中国女子订婚后便要将发绾成髻，待新婚之夜由新郎解下，这是“结发夫妻”之意的由来。“结发”就是束发，原是古人成人礼的一部分。男子二十弱冠之礼，女子十五及笄之礼，婚嫁之夕男女左右共髻束发之礼，谓之“结发”，这都是十分重要的仪式。

自周代起，女子在订婚后、出嫁前都要举行笄礼。这个仪式一般在十五岁举行，如果女子一直待嫁闺中，则年至二十行笄礼。受笄时要改变幼年的发式，将头发绾成一个髻，然后用黑布将发髻包住，再以簪插定发髻。到了汉代，“结发”成了新婚夫妻成婚的仪式之一。汉代苏武有诗云：“结发为夫妻，恩爱两不疑。”在洞房花烛夜饮交杯酒之前，新郎新娘就床而坐，各自剪下自己的一绺头发，再把这两缕长发相互绾结缠绕起来，以表结发同心、生死相依之意。古诗云：“交丝结龙凤，镂彩织云霞。一寸同心缕，千年长命花。”发“结”在一起，有牢固、结合、结伴之意，也寓意着新婚夫妇恩爱缠绵、白头偕老。这样一来，“结发”自然就有了成婚的意思，人们也就称首次结婚的男女为“结发夫妻”了。《孝经》云：“身体发肤，受之父母，不敢毁伤，孝之始也。”显然，中国人赋予“头发”非常重要的意义。夫妻双方“结发”，即意味着两人将生命联结在一起，象征着忠贞不渝的爱情。

闹洞房：中国人结婚为什么要“闹洞房”？

闹洞房是中国传统婚礼中不可缺少的一部分，也是整个婚礼的高潮。闹洞房除了逗乐之外，还有驱散邪恶之气、增强阳气的意义。闹洞房能增加热闹的气氛，因此也被称为“暖房”。

在古代，男女都是在媒人介绍下成婚的，新郎新娘在婚礼上才第一次见面，比较陌生。闹洞房可以减少新郎新娘之间的陌生感，让他们的新婚生活有一个美妙的开始。

此外，闹洞房还能增进亲友之间的感情，显示家族兴旺发达。

龙凤呈祥：为什么“龙凤呈祥”寓意吉祥如意？

“龙凤呈祥”是中国传统的图案，“龙”与“凤”各占一半搭配成纹，寓意喜庆、吉祥之事。

龙是中华民族的象征，因为华夏原始民族以龙为图腾，炎黄子孙都是龙的传人。远古传说中记载，龙能够腾云驾雾，法力无边，具有神性，因此也是帝王的象征。凤又称凤鸟、凤凰，是百鸟之王，在古代祭祀活动中，鸟类被认为可以沟通天地，因此对凤的尊崇源于中国古人对鸟的原始崇拜。应该说凤集合了所有鸟类的优点，是美的象征，常被用来形容尊贵的女性，与龙所代表的帝王相对应。龙与凤经常并用，如龙飞凤舞、雕龙画凤、跨凤乘龙等，还常用来比喻婚姻、爱情的美满。

“龙凤呈祥”除了可作各种盛大庆典图案外，还是婚礼等场合的吉庆制品的常用图案，以寓意吉祥如意。

贵姓:“贵姓”是说有些人的姓氏很尊贵吗?

中国人初次相见时，常礼貌地问“先生（或小姐）贵姓？”，对方要回答“免贵姓张（或王，等等）”，这是基本的礼貌。但“贵姓”是怎么来的呢？

中国人极重视家族传承，古时候，对别人的姓氏或祖宗不敬会受到惩罚，甚至引来杀身之祸。所以遇人一定要问“贵姓”，被问者的姓若非贵姓，则一定要回答“不贵”或“免贵”。

在封建时期，古人按照人的政治和社会地位，将所有人都分出了“三六九等”，而人的姓氏也就有了贵贱之分。如在汉朝，皇帝姓刘，刘姓当然就是“贵姓”，因此，当别人询问“贵姓”时，当时所有姓刘的人都得回答“贵姓刘”；若回答“姓刘”或“不贵，姓刘”，不仅没礼貌，甚至还可能会招致灾祸。

中华文化讲究自谦，现如今，问别人“贵姓”是对别人的一种尊重，彰显对他人的重视；当别人问自己“贵姓”时，回答“免贵”，则可体现自己谦虚。

借光：光明是可以出借的吗？

“借光”，现已成为人们普遍使用的礼貌用语。一般把“请求别人提供某种帮助”“从别人那里分享某种荣誉”都称作“借光”。

据《战国策·秦策》记载，战国时楚国人甘茂曾在秦国任左相，受到排斥，准备投奔齐国。走出关口时，他遇到齐国使者苏代，就给苏代讲了一个故事：一条江边住着不少人家，每晚，姑娘们都凑到一起做针线活儿。其中有个贫穷人家的姑娘买不起灯烛，其他姑娘说她爱占小便宜，拒绝她来。这个姑娘说：“我虽然买不起灯烛，但是我每晚都比别人先来，打扫房间，铺好席子，让大家一来就能舒适地做活，而你们借给我一点光也没有什么损失。”姑娘们觉得她的话有道理，便把她留下了。苏代听了这个故事，明白了甘茂的意思。后来苏代在齐王面前竭力推荐甘茂，齐王拜甘茂为上卿。

现在人们常说的“借光”，就是从这个故事来的。“借光”的意思是请别人给自己方便或向人询问。比如，前面的路被别人挡住了，你过不去，你应该说：“借光，请让我过去。”再比如，你认不得去商场的路，你可以这样说：“借光，请问去商场怎么走？”“借光”作为一个地道的礼貌用语，让听的人觉得受到尊重，说的人则显得有风度。

抛砖引玉:“抛砖引玉”是指扔砖头就可以换来玉石吗?

“抛砖引玉”其实是三十六计之一,“砖”比喻小利,是诱饵;“玉”指作战目的,是大的胜利。“抛砖引玉”原指在军事上,用相似的事物去诱惑、蒙蔽敌人,使其上当,中圈套,从而乘机一举击破敌人。可见,“砖”和“玉”都是形象的比喻,并非是真正的实物。公元前700年,楚国就是用了“抛砖引玉”的计策,才能轻而易举地拿下绞国。

“抛砖引玉”不仅是一个军事计谋,还是个常用的谦词。《传灯录》中记载,在唐代,有一个诗人赵嘏写得一手好诗,另一个诗人常建也非常擅长作诗,但常建总认为自己不如赵嘏。一次,常建听说赵嘏要去灵岩寺游玩,为了让赵嘏留下诗句,他便在墙上先题了半首诗。后来,赵嘏果然在常建的诗句后面续上了两句。常建用自己不是很好的诗,换来了赵嘏的精彩诗句,这就是“抛砖引玉”。

自古以来,中国人都以谦虚为美德,每当要发表自己的观点或者文章的时候,中国人都喜欢用“抛砖引玉”一词,表明自己的观点不够好,希望能用自己粗浅的见解或文章,引出别人的高论或佳作。

足下："足下"是指脚下吗？

听到"足下"一词，人们自然会想到"脚下"。实际上，自古至今，"足下"都是下级称上级或同辈相称的敬词。

相传春秋时期，晋公子重耳出逃在外19年，后来回到晋国当了国君，即晋文公。晋文公封赏有功之人，却忘了曾割股肉煮汤给他喝的介子推。介子推带老母隐居到绵山之中，对前来寻他的晋文公避而不见，晋文公命人放火烧山，想用这种方式迫使介子推出山，然而事与愿违，介子推和母亲一起抱着大树被烧死了。晋文公十分悲痛，令人砍下这棵大树，制成木屐穿在脚下。晋文公每次看到木屐都会说："悲乎，足下！"后来，"足下"逐渐演变成对他人的敬称。

第二讲

趣味俗语·经久不衰的古代『流行语』

闭门羹："闭门羹"是关门时喝的汤吗？

"闭门羹"是指主人拒绝客人进门，俗称"让客人吃了闭门羹"。那么"闭门"怎么与"羹"联系起来了呢？

这还要从一个故事说起。相传在唐代，有个叫史夙的女子长得非常漂亮，琴、棋、书、画样样精通，于是很多高官子弟和风流才子便纷纷慕名来访，但是很少有人可以见到她，因为史夙定下了一条规矩：她要求客人首先要作一首诗，只有看中客人的诗文以后，她才愿意与客人见面。如果来访的客人不会作诗，或者献上的诗文没有被她看中，她就叫家里人在门口用一碗羹（就是现在的汤）招待客人，以表婉拒。时间长了，来访的客人们只要看见了羹，就会明白其中的意思，主动告辞离开。以羹待客表示婉言拒绝，这样显得客气有礼，不伤和气，人们后来便把这种特殊的羹称为"闭门羹"。

现在"闭门羹"已成了拒绝的代名词，只是现在人们拒绝客人，就只有"闭门"而没有"羹"了。拜访他人时，如果主人正巧不在，客人也可自喻吃了"闭门羹"。现在的安徽沿江一带还真有"闭门羹"这道菜，是用豆腐和鸭肠子做原料熬成的汤，有人吃了这种"闭门羹"后，觉得味道还不错，一传十，十传百，引得很多人专门来尝"闭门羹"。如今，"闭门羹"已成为一道安徽的传统名菜。

不到黄河不死心，不见棺材不落泪：为什么不到黄河就不死心，不见棺材就不落泪呢？

“不到黄河不死心，不见棺材不落泪”，表示不到无路可走的地步决不放弃，也有不达目的誓不罢休之意。实际上，这句俗语的背后有着一段凄美的故事。

相传在黄河中下游地区，有两户人家分别住在南北两个村子里，家境都很富裕。北村这家有个女孩叫黄河，自生下来就不流眼泪；南村这家有个男孩叫棺材，长得眉清目秀。两家就给他们定了娃娃亲。可是，有一年棺材家失火，全部财产化为灰烬，棺材的父亲一病不起，不久便离开了人世。棺材自幼就很懂事，知道母亲过日子的艰辛，忙的时候就随乡亲一起种地，空闲时则下河捕鱼、上山砍柴贴补家用。北村黄河家见棺材家败落，有心悔婚，可是姑娘不愿意，非棺材不嫁。棺材自幼喜爱吹笛子，每天晚上人们都能听到他优美的笛声。可是，天有不测风云，棺材突然得了一场重病，一病不起。棺材眼含热泪对母亲说：“我要离开您了，我死之后，您把我的心挖出来，放在水盆里，再把我吹过的笛子放在水盆上，我的心能吹响那支笛子，您捧着水盆行走在千家万户门前，他们不会让您挨饿。”有一天，黄河家门前传来阵阵凄婉的笛声，丫鬟告诉黄河说，是棺材的母亲来了。黄河一听，不顾一切地冲到门前，看到一位白发苍苍、双目失明的老太太坐在门前，而她面前的水盆里有一颗不停跳动的心，随着心的跳动，水盆上的笛子发出阵阵笛声。黄河再也控制不住自己的感情，两行滚烫的热泪滴落到水盆里。说来奇怪，黄河姑娘的眼泪落入盆中时，棺材的心一下子就不跳了，一颗有力的心慢慢地死去了。人们都说这是因为棺材见到了自己的心上人，他终于如愿了，所以他的心就停止了跳动。

现在，“不到黄河不死心，不见棺材不落泪”用来比喻下定决心做某件事，不会半途而废，遇到困难也不知难而退，不到彻底失败时不肯放弃。

打马虎眼:“打马虎眼”是打马和老虎的眼睛吗?

“打马虎眼”是由“马虎”一词引申而来的，指以似是而非的言语和行动来搪塞别人，也有故意装糊涂蒙骗人的意思。如老舍的《春华秋实》中有这么一句:“他这是打马虎眼，麻痹我们大伙儿，假充好人，想混过这一关去！”

相传古时有一个糊涂画家，做事不认真。有一天，他正在作画，刚画了一个老虎的头，他的朋友就来了。朋友说想看他画马，他就顺笔一挥，在虎头下画了个马的身子。朋友问他:“你这画的是马还是虎呢？”画家说:“啊，都差不多，马马虎虎吧。”朋友走后，画家就把这幅画挂在墙上，他的大儿子看到以后问他:“这画上画的是什么？”画家说:“是马。”他的二儿子看到画以后又问他，他说:“画的是虎。”因此，画家的两个儿子对马与虎辨别不清。有一天，大儿子遇到一只老虎，以为是马，想骑它，结果被老虎吃掉了。二儿子见到一匹马，以为是老虎，吓得惊慌失措，竟用弓箭把马射死了。消息传出，人们都嘲笑这个画家，并送给他一个绰号叫作“马虎先生”。这个故事既可笑又可悲,“马虎先生”说话模棱两可、似是而非，回答别人的问话时随随便便“打马虎眼”，最终落得个儿死马亡的结果。这个故事告诉我们做人做事要认真,不可随便“打马虎眼”应付和搪塞,否则必定会留下后患。

喝墨水：真的有人“喝墨水”吗？

“喝墨水”是一个俗语，常用来形容一个人受过教育。不过中国历史上真的有人喝过墨水——北齐朝廷曾下过命令，考试时成绩特别差的人要被罚“喝墨水”。

当时规定：士人应试时，凡写得不好的人要罚喝墨水一升；甚至当秀才、孝廉等参加会试时，监考官若发现有人字写得很差、文理不通，也要叫他到专设的房间里去喝墨水一升。这条法规沿袭了几个朝代，后来虽已不盛行，但“喝墨水”一词却保留了下来，人们用“喝墨水”的多少，来形容一个人知识的多少。

现在这个词多用来指上学读书，是一种诙谐的用法。与不同的词搭配可以表示人的受教育方式的不同或文化水平的高低。如：“喝洋墨水的”，表示曾经出国留学；“没喝过什么墨水”，表示文化程度不高；“喝过几年墨水”，表示受过一些教育但不多；等等。

露马脚:“露马脚”是说露出了马的脚吗?

众所周知,“露马脚”的意思是露出破绽。那么为什么露出破绽叫露“马脚”而不是其他动物的脚呢?

据民间传说,这与明太祖朱元璋的大脚马皇后有关。马皇后是农民出身,虽然端庄大方、文武双全,却没“缠足”,因此有一双大脚。在古代,妇女(特别是贵族妇女)都是以小脚为美,因此这双大脚让马皇后十分不安。一次马皇后出街游玩,金陵百姓想一睹马皇后姿容而翘首张望,忽然一阵大风吹过,轿子的门帘被掀起,马皇后的大脚露出来了,百姓惊讶不已。随后这件事四处传开,“露马脚”就这样演变成一个典故。

事实上,北宋《续传灯录》(卷二十)中已有相关说法,而元曲《陈州粜米》有句云:“这老儿不好惹,动不动先斩后闻,这一来则怕我们露出马脚来了。”显然,“露马脚”早在宋、元代的史书或麒麟戏里就出现了。

在古代的一些节日庆典和祭祀活动中,人们会将制作好的麒麟皮披在马或者驴的身上,由于马脚要一直走动难以遮住,因此在表演中就会经常露出马脚来,所以“露马脚”还指露出事物的本来面目。

乱成一锅粥：为什么用“一锅粥”来形容“乱”？

“乱成一锅粥”是中国俗语，意思是局面、秩序混乱不堪。其本意是指锅里的粥杂乱，后用来代指“混乱”。现在一般将慌乱的局面、混乱的秩序、杂乱无章的事物形容成“乱成一锅粥”。

中国俗语中有众多与饮食有关的隐喻文化，比如“性急吃不了热豆腐”。就“锅”这个意象而言，也有很多俗语，如“热锅上的蚂蚁”“背黑锅”“打破砂锅问到底”等，原本简单的食器引申为具有特别含义的俗语，十分形象，而且更贴切。

马后炮:“马后炮”是在马后面放炮吗?

“马后炮”源于中国象棋里的一个招法，即在“马”后加一个“炮”，就能将对方一军。司马光在《七国象戏》中说:“一炮，直行无远近，前隔一棋乃可击物；前无所隔，及隔两棋以上，则不可击。”

在现实生活中，“马后炮”则是一个贬义词，比喻事情已经发生或已是既成事实之后才道出自己的先见之明。通常指人的主观认识和常识落后于实际的客观事实。

买东西：中国人为什么说“买东西”，而不是“买南北”？

“买东西”的说法可以追溯到唐代。历史上，唐朝首都长安的人口有百万之多，是中国古代第一帝都。史载，当时的长安有两大市场，即东市和西市，它们是唐朝长安城的经济活动中心，也是当时全国最大的工商业贸易中心，还是中外各国商贾的经济贸易交流中心。这里商贾云集，店铺林立，各种物品应有尽有，琳琅满目，贸易十分繁荣。其中，东市位于现今西安交通大学一带，当时是国内最大的贸易市场。西市位于现西安市劳动南路和东桃园村之间，是当时国际上最大的重要贸易市场和娱乐性场所。“买东西”一词即来源于此。

在中国文化中，“东”代表“木”，“西”代表“金”，“北”代表“水”，“南”代表“火”，而中央是“土”。根据五行之说，木和金都可以盛放于器具之中，而“火”和“水”在古时很难存放，因此一定只能“买东西”，而不能说“买南北”。

卖关子:“关子”是什么东西?

听评书时，说书人说到情节的紧要关头，总是戛然而止，用一句“且听下回分解”来吊听众胃口，吸引听众继续往下听，此为“卖关子”。所以“卖关子”的第一个意思就是在紧要关头故弄玄虚，来引起别人的注意，让人们对这件事持续关注。“卖关子”还是一种修辞方法，指的是制造悬念，使人们不知下文如何分解或如何作出推断、得出结论——这种手法称为“宕笔法”。

那么，这种“关子”究竟是何物，为什么可以用来买卖呢?原来“关子”是古代曾经发行过的期货类的凭证，类似于今天的国债。“关子”最初出现于南宋绍兴元年（1131 年），因地方屯兵的需要，为筹措军费而印造出售。商人先用现金在当地换取“关子”，然后到设在其他地方的掌管粮食、金帛的机构去兑换铜钱，交易货币、购货凭证等，有点像现在先付款后取货的贸易凭证。“卖关子”之所以与“悬念”相关，是因为“关子”还不能算是一种货币，商人花了现钱买了“关子”，却一时还看不到现货，自然是有悬念的，所以很紧张很期待。

拍马屁："拍马屁"与"拍马腿"有什么不同？

蒙古族人爱马，以养骏马为荣。元朝时，百姓们牵马相遇，常要拍拍对方的马屁股，摸摸马膘是否肥壮，并随口夸上几句："好马！好马！"马主人闻言一定会心花怒放。起初，人们都是实事求是，只有看到好马才说好，可是后来，不管是好马坏马、强马弱马，有的人一概是摸摸马屁股，一味夸奖奉承。

还有另一种说法。元朝的官员大多是武将，对于马上得天下的蒙古人来说，权力、身份、地位往往是以马为象征的，因此，趋炎附势者看到达官贵人策马奔来，争着要拍马屁股赞美讨好："大人的好马，大人的好马！"渐渐地，"拍马屁"便成为不顾事实、奉承上司、谄媚讨好他人行为的代名词，贬义色彩甚浓。

当然，"拍马屁"也要讲究时机和方法，还要拍得隐约含蓄。如果过于张扬，过于明显，那就是"拍马屁拍到马腿上了"，会被马腿踢到，不仅讨好不到他人，而且会适得其反。《宋史》中记载：宋真宗年间，丁谓靠阿谀奉承爬上了副宰相的位子，对宰相寇准毕恭毕敬。某日，两人在一起用餐，寇准的胡须被汤弄脏了，丁谓立即起身为他梳理胡须。刚正不阿的寇准笑他："你是一国宰相，还要为我溜须吗？"说得丁谓既羞又恼，"溜须宰相"由此得名，这也是"拍马屁拍到马腿上"的生动写照。后来，溜须与拍马一起用，形成一个口语新词——"溜须拍马"。

跳槽：为什么把辞职称作“跳槽”？

“跳槽”，顾名思义，就是说一匹马在一个食槽里吃腻了，跳到另外一个食槽里去吃。后引申为换工作。跳槽的原因总结起来不外乎以下三种：一是食槽里面的“料”不好；二是食槽周围的环境差；三是争不到吃好“料”的机会。前两种“跳槽”是主动型，第三种是被动型。

随着社会的发展，跳槽已经成为时下年轻人调整工作岗位的一种普遍现象，正所谓“人往高处走，水往低处流”。那么如何跳槽才好呢？

换个好工作需要注意的事项，总结起来有以下三点：首先，要知己知彼，才能百战百胜。跳槽之前要先了解好新公司的具体情况，再处理好原单位的离职手续。其次，要想清楚跳槽的原因，在目标明确的前提下选择适合自己的工作。再次，要选对时机，时机对任何事和人都非常重要，选对时机，事半功倍。

眼中钉：为什么“眼中钉”指的是最讨厌的人？

“眼中钉”，就是指某人眼里有一颗钉子，他感到很难受而想把它拔掉。这个词语源自《新五代史·赵在礼传》，现在用来比喻心中最厌恶、最痛恨的人。

相传五代时，赵在礼依仗自己是皇亲国戚而贪赃枉法，鱼肉百姓。百姓受尽欺压，十分痛恨他。当他被罢免时，宋州人奔走相告，相互祝贺：“眼中拔钉，岂不乐哉！”

北宋真宗年间，宰相丁谓和太监狼狈为奸，把持朝政。当时老宰相寇准尚在朝中，丁谓深知寇准为官公正，刚正不阿，很怕自己所做的坏事被他抓住把柄，就千方百计地在皇上面前说他的坏话，导致寇准被排挤出了京城。丁谓所为，被老百姓看得清清楚楚。不久，京城中出现了一首民谣。歌中唱道：“欲得天下宁，须拔眼中丁；欲得天下好，莫如召寇老。”歌中的“丁”，指的就是丁谓。于是，“眼中丁”的说法逐渐流传开来。到后来，“丁”又演变成“钉”，具有了更普遍的意义。

夜猫子:“夜猫子”是不是晚上的猫呢?

“夜猫子”，其实并不是指晚上的猫，而是用来形容晚上不想睡觉的人、喜欢熬夜的人。因为猫经常在白天睡觉，到了晚上就开始活动，特别是在白天休息够了的猫，到了晚上会更精神。为了消耗这些精力，猫会自娱自乐，寻找一些有趣的事情来做，如在房间里跳来跳去，玩玩具，或捕捉老鼠等。喜欢熬夜的人因为有着与猫咪类似的生活习惯，故被形象地称为“夜猫子”。

“夜猫子”的生活习惯会对身体造成很多损害，如经常疲劳、免疫力低下、头痛、黑眼圈，以及皮肤问题和视力问题等，严重者会导致身体系统的失衡，甚至死亡。所以我们应该尽量避免过“夜猫子”的生活，养成早睡早起的良好生活习惯。

一寸光阴一寸金：为什么中国人把时间比作金子呢？

“一寸光阴一寸金”是一句俗语，意为一寸时间和一寸长的黄金一样昂贵，比喻时间十分宝贵，故有“一寸光阴一寸金，寸金难买寸光阴”之说。

用“寸”来衡量光阴，缘于古人用“晷”来测算时间。“晷”又叫“日晷”，是在圆形板上刻上表明时间的度数，圆中心立一小棍，由日出到日落，小棍的阴影由长而短，又由短而长地映在度数上，即表示时间。“寸阴”即日影移动一寸所用的时间。《淮南子·厚道训》云：“故圣人不贵尺之璧，而重寸之阴，时难得而易失也。”

捉刀："捉刀"为什么与"替人作文"同义？

三国时期，曹操统一北方后，声威大振，各少数民族部落纷纷依附。北匈奴派使者送来了大批奇珍异宝，使者请求面见曹操。曹操认为自己相貌不好看，不能用威仪震服匈奴，但又不好不见，他就想找一个替身。崔琰是当时最为德高望重的名士，为人正派儒雅，又有远见卓识，曹操敬佩其一身正气，就将他召来，要他代替自己接见使者。接见时，崔琰正中端坐，而曹操却扮作侍卫模样，手握钢刀，立在旁边。

事后，曹操派人去探问匈奴使者对魏王的印象如何。使者说："魏王俊美，丰采高雅，而其侍卫气度威严，非常人可及，是为真英雄也！"曹操担心使者向匈奴单于说"魏王无能，而他的贴身侍卫有野心"，从而会让单于认为"魏王不能驭下，朝中必生内乱，不如乘机进攻魏国"，便派人杀了这个使者。这个故事写的就是"床头捉刀人"，此处的"床"是坐榻的意思，"床头捉刀人"就是站在坐榻边的执刀卫士，而"捉刀"一词也有了"替别人做事"的含义。

显然，"捉刀"一开始与文字无关。在纸还没有被发明出来的时候，人们以竹简代纸，而刀则是修改竹木简错字的工具，和笔的作用类似，因此"捉刀"中的刀就与笔同义了。当时权贵的侍从中有专门的刀笔吏，他们平时拿着笔服侍主人左右。所以"捉刀"一词又有了替别人代笔作文的意思。

大水冲了龙王庙："龙王庙"也会发大水吗？

"大水冲了龙王庙"意为"本是自己人，却因互不相识而发生了误会、冲突"。

传说在很久以前，东海岸边有座龙王庙，距龙王庙数里外有块菜地，菜地紧挨着一座庙。庙里的老和尚和种菜的老头是好朋友，两人经常在一起下棋聊天。有一天，两人闲聊时，老头对老和尚说："方丈，最近发生了一件奇怪的事，我那菜园以前都是我自己打水浇的，可从昨天开始，我去浇菜地的时候，菜园都已经浇过了，我也没看见是谁帮我浇的。你说奇怪吗？"和尚听了也觉得奇怪，决定弄个水落石出。

当晚，老和尚早早地来到菜园，在离水井不远处藏了起来。等到天快亮时，忽听"咔嚓"一声，从井内射出一道白光，飞出一只鹅似的怪物。只见它两只大翅膀呼扇了几下，井水就溢了出来，眨眼间，菜园已全部浇好了，怪物又飞入井内。一连三夜都是如此。

老和尚会武功，第四天夜里，他带了把宝剑，等那只怪物刚一飞出井口，就一个箭步上去猛刺了几下。那只怪物翅膀一斜，一头栽入井中。只听"轰隆"一声巨响，井裂开了几个大口子，大水翻滚起来。眨眼间，连几里外的龙王庙附近也都变成了一片汪洋。

龙王大怒，带领水兵前来与那怪物交战。战了三天三夜，怪物因寡不敌众，现了原形。原来，这怪物是龙王的三太子，因犯了律条，被贬出了东海，受罪三年。三太子为了立功，想在凡间做些好事，不料被和尚刺了一剑，一怒之下，淹了龙王庙。与龙王交战时，三太子又不敢泄露天机，于是造成了一场误会。

所以“大水冲了龙王庙”就是说自家人打自家人，皆因误会而起，引发出争端。

狗咬吕洞宾：狗为什么要咬吕洞宾？

“狗咬吕洞宾，不识好人心”，这句话的字面意思是：一只不知好歹的狗咬了好人吕洞宾。

据说吕洞宾有个好友叫苟杳，家境十分贫寒。吕洞宾很同情他，让他常年住在自己家中。苟杳终日刻苦读书，希望将来有出头之日。

吕洞宾的一个朋友很欣赏苟杳，想把自己的妹妹嫁给他。吕洞宾怕耽误了苟杳的前途，就对苟杳说：“你可以成亲，不过我要先陪新娘子睡三宿。”苟杳一听，很是生气，但还是答应了。三日之后，苟杳走进洞房，新娘子正伤心落泪，责备他说：“郎君，为何你接连三夜不与我同床同眠，只对灯读书？”苟杳一下子明白了吕洞宾的苦心：原来是哥哥怕我忘了读书，用此办法来激励我。于是苟杳更加用心读书，最终功成名就。

有一天，吕家突然失火。吕洞宾就去找苟杳帮忙。苟杳夫妇对吕洞宾非常热情，可就是不提帮忙的事。吕洞宾一气之下，转身回家了。到家一看，家里盖了新房，而妻子却守着一口棺材痛哭。原来，吕洞宾走后不久，就有一伙人来帮他盖房子。有一天中午，又有一大帮人抬着一口棺材来了，说吕洞宾在苟杳家病死了。吕洞宾一听，知道是苟杳玩的把戏，气得拿起大斧把棺材劈成两半，却见里面全是金银珠宝，还有一封信，写道：“苟杳不是负心郎，路送金银家盖房。你让我妻守空房，我让你妻哭断肠。”吕洞宾哈哈大笑。

这就是俗话所说的“苟杳吕洞宾,不识好人心”。因为“苟杳”和“狗咬”同音，传来传去，便成了“狗咬吕洞宾，不识好人心”了。

千里送鹅毛：为什么用“千里送鹅毛”表示“礼轻情意重”？

“千里送鹅毛”比喻礼物微薄但是情意深重。出自宋代欧阳修的《梅圣俞寄银杏》：“鹅毛赠千里，所重以其人。”

据《路史》记载，唐朝贞观年间，藩国西域回纥国派使者缅伯高带了一批奇珍异宝朝贡。在这批宝物中，有一只白天鹅最为珍贵。一路上，缅伯高亲自给白天鹅喂水喂食，细心照顾，丝毫不敢怠慢。有一天，缅伯高在湖边打开笼子让白天鹅喝水，谁知它翅膀一展就飞上了天，而缅伯高在慌乱中只抓到几根羽毛。无奈，他只好将这几根羽毛小心翼翼地收好，并赋诗一首：“天鹅贡唐朝，山重路更遥。沔阳湖失宝，回纥情难抛。上奉唐天子，请罪缅伯高。礼轻情意重，千里送鹅毛！”最终，缅伯高带着奇珍异宝和鹅毛，不辞劳苦，辛勤赶路，最终到达长安，贡于唐太宗。唐太宗读了这首诗，非但没有责怪缅伯高，反而觉得他信守承诺，忠厚老实，重重赏赐了他。

这个故事说明，送礼人的诚信非常可贵，所以人们常用“千里送鹅毛”来比喻礼物虽然单薄，但是这其中蕴含的情意却尤为深厚。

第三讲

称谓趣谈·『绰号』与『别名』的魅力

红娘：红娘的“娘”是母亲的意思吗？

大多数人都知道“娘”是母亲的意思，但在古汉语中“娘”一般指年轻女子，且多指少女。现代汉语中的一些词，如“新娘、娇娘、姑娘”中的“娘”字，仍是年轻女子之意。

红娘也是一个年轻女子，是元代王实甫所作《西厢记》中，相国小姐身边的一名侍女。

在《西厢记》中，红娘是一个塑造得十分成功、有血有肉的艺术形象。张生和崔小姐产生了爱情，但受到崔母的阻挠。于是，热心的红娘开始为张生和崔莺莺出谋划策、传递书信。在红娘尽心竭力的帮助下，老夫人终于让步，张、崔这对有情人终成眷属。由于红娘成功地促成了张崔二人的婚事，现在人们常把帮助别人结成美满姻缘的热心人（即媒人）称作红娘，而红娘一词也常比喻那些给各方牵线搭桥、促成合作的人或组织。

千金：为什么用“千金”代指女儿？

“千金”的字面意思是“很多钱”，与其相关的词语多有“十分珍贵”之意，比如“一刻千金”。在中国，“千金”还是对别人女儿的专用尊称。

最早，“千金”是用来指代男人的，其典故出自南朝梁的谢朏。他自幼聪颖，10岁时就能写出一手好文章，深受父亲谢庄的喜爱。当朝宰相王景文对谢庄说：“贤子足称神童，复为后来特达。”谢庄回答说：“真是我家千金啊。”自此，“千金”开始用于形容出色的人。把女儿称作“千金小姐”的风气是在元代以后才开始兴起的，曲作家张国宾所写的杂剧《薛仁贵荣归故里》中说：“你乃是官宦人家的千金小姐，请自稳便。”自此，明清的小说都用“千金”来称呼女子。

关于“千金小姐”的来源，还有一个更久远并且非常有意思的典故。春秋时期，楚平王听信谗言杀害了伍子胥的父兄，并追杀伍子胥。伍子胥在逃亡中受了一个浣纱少女的恩惠，但是少女却因为要替他保守秘密而投江自尽。伍子胥伤心不已，立下血书：“尔浣纱，我行乞；我腹饱，尔身溺。十年之后，千金报德！”后来伍子胥逃到吴国，辅佐吴王灭掉楚国。为父兄报仇之后，他特意到少女投江的地方，将黄金千两投入水中，以示纪念。从那以后，“千金”便多用来形容未婚女子。现在，人们已经习惯用“千金”代称对方的女儿，以表示礼貌。

泰山：为什么把岳父称为“泰山”？

把岳父称为“泰山”源于一个典故。唐代段成式在《酉阳杂俎》中说：唐玄宗李隆基“封禅”泰山，中书令张说被任命为“封禅使”。按照惯例，封禅完成以后，三公以下的官员职位皆提升一级。张说利用职权，趁机把自己的女婿郑镒由九品芝麻官提升为五品官员，连升四级。唐玄宗发现后就追问郑镒升迁之事，郑镒心中有愧，无言以对。站在旁边的黄幡绰讥笑说：“这是依靠了泰山的力量和功劳。”唐玄宗一怒之下又将郑镒降回九品。黄幡绰用“泰山”一语双关，既指封禅一事，又指岳父。后来，人们就把岳父称为“泰山”。实际上，“岳父”一词也出自“泰山”的典故，因泰山乃五岳之首，故此得名。

桃李：为什么把优秀的学生称为“桃李”？

人们都知道，优秀的学生常被称作“桃李”。但“桃李”为什么会成为学生的代名词呢？

西汉韩婴所作的《韩诗外传》中记载：春秋时期，魏国大臣子质趁在位掌权时提拔了一批专门喜欢阿谀奉承他的下属。后来子质获罪，逃到北方，但是没有人愿意救助他。后来，他偶遇故友简子，便哭诉说，他以前提拔培养了那么多人，但没有一人在自己遇难时出手相救。简子说：“春天栽种桃李的人，夏天可以在树下乘凉，秋天可以吃到甘甜的果实；而种植蒺藜的人，夏天不能采它的叶子，秋天只能被荆棘所刺。培养和提拔人才跟种树一样，要想知道自己最后会获利还是受害，关键是看所栽培的树和人的种类。所以君子培养人才一定要先选择好对象，然后再精心培养。”后来，人们就用“桃李”比喻培养提拔的后辈和所教的学生。

杏林：为什么把中医学界称为“杏林”？

三国时期，吴国有一名医生，名叫董奉。他常年为人治病，却不接受别人的报酬。他治好了得重病的人，就让病人种植五棵杏树；治好了病情不重的人，就要病人种植一棵杏树。这样十几年以后，杏树就有十万多棵了。春天来临，董奉眺望杏林，看到林子仿佛绿色的海洋。他感到十分欣慰，就在林中修了一间草房，住在里面。待到杏子熟了的时候，他对人们说：“谁要买杏子，不必告诉我，只要装一盆米倒入我的米仓，便可以装一盆杏子。”而这些用杏子换来的米，又被董奉拿去救济贫苦的农民。后来人们在董奉隐居处修建了杏坛、真人坛、报仙坛，以纪念董奉。

董奉去世后，“杏林”的故事一直流传了下来，明代名医郭东就模仿董奉，居山下，种杏千余株。苏州的郑钦谕，庭院也设杏圃，把病人馈赠的东西拿去接济贫民。元代的书画家赵孟頫病危，被当时的名医严子成治好了，他特意画了一幅《杏林图》送给严子成。后来，人们在称赞有高尚医德、精湛医术的医生时，也往往用“杏林春暖”“誉满杏林”“杏林高手”等词句。近现代的一些医药团体、杂志也常以“杏林”命名，“杏林”甚至成了中医学界的代名词。有关“杏林”的佳话，不仅成为民间和医界的美谈，也成为历代医家激励、鞭策自己努力提高医技、解除病人痛苦的典范。

东坡肉："东坡肉"和苏东坡有关吗？

"东坡肉"是中国的一道传统名菜，它以猪肉为主要食材，菜品皮薄肉嫩，色泽红亮，味醇汁浓，酥烂而形不碎，香糯而不腻口，颇受人们喜爱。那么东坡肉和苏东坡有什么关系呢？

苏轼字东坡，是中国北宋时期著名的文学家，也是美食家，对烹调菜肴很有研究，尤其擅长制作红烧肉。公元 1077 年，苏轼赴徐州做知州，上任不到四个月就遇到黄河决堤。他不顾个人安危，率领全城百姓投身到抗洪治水中去，最终战胜了洪水。百姓为了感谢他，纷纷杀猪宰牛，提酒带菜送到府上，苏东坡盛情难却便如数收下。他亲自指点厨师把百姓送来的肉烧成红烧肉回赠给百姓。百姓食后，都觉得这种红烧肉肥而不腻、酥香味美，便称之为"东坡回赠肉"，这就是"东坡肉"的前身。公元 1089 年，苏轼来到杭州上任。次年的五、六月间，浙西一带大雨不止，太湖泛滥，庄稼被淹。由于苏轼及早采取了有效措施，浙西一带的老百姓很快渡过了难关。为了感谢苏轼，大家抬猪担酒送给他。苏轼指点家人将这些肉切成方块，烧得红酥酥的，分送给人们吃，大家吃得津津有味，满口余香，便把这个肉称为"东坡肉"。"东坡肉"创制于徐州，扬名于杭州。

除了"东坡肉"，苏轼还给后人留下了三道名菜：金蟾戏珠、五关鸡、醉青虾。后人将这四道菜称为"东坡四珍"。

狗不理："狗不理"和"狗"有关吗？

人们都知道"狗不理"是一种包子，是天津的风味名点。它色白面柔，大小一致，每个包子都有固定的15个褶，褶花疏密一致，如白菊花形。底帮厚薄相同，一咬起来直流油，但又不肥腻，味道十分鲜美。

然而，如此富有特色的地方小吃，怎么会有"狗不理"这么一个怪名字呢？

传说在清朝的时候，天津附近的武清县（今天津市武清区）有一个叫高贵友的少年，小名"狗子"。狗子14岁到天津学艺，在天津南运河边的刘家蒸吃铺做小伙计。高贵友十分聪明，加上师傅的精心指点，做包子的手艺不断增长，很快就小有名气了。

三年满师后，高贵友已经精通了做包子的各种手艺，就辞工出来，自己开办了一家专营包子的小吃铺。由于他做事十分认真，从不掺假，做出来的包子也特别好吃，名声很快就响起来，来吃包子的人也越来越多。忙的时候，高贵友根本顾不上跟顾客说话，于是来吃包子的人都戏称他"狗子卖包子，不理人"。久而久之，人们喊顺了嘴，都叫他"狗不理"，把他所经营的包子称作"狗不理包子"，而原店铺的名字倒渐渐被人们淡忘了。

"狗不理包子"是中国灿烂饮食文化的一部分，被公推为闻名遐迩的"天津三绝"食品之首。现在，"狗不理包子"已走向世界。

过桥米线：米线为何要“过桥”？

过桥米线是云南传统特色美食，以米线和鸡汤为主料制作而成，做法简单，色泽美观，食用方便，成本低廉，味道却很鲜美。凡是去过云南的人，都要去品尝一下过桥米线。郭沫若在《茶花诗》中把过桥米线誉为“瑰丽的山茶”。

但它为什么被称为“过桥米线”呢？

据传清朝时，滇南蒙自县有个叫张浩的秀才，为应试科举，离开家在一个小岛上苦读。他的妻子每天把饭菜做好后给丈夫送去，不仅要走很远一段路，而且还要过一座长桥，因此饭菜送到的时候已经很凉了。一天中午，妻子炖了一锅鸡汤，正准备给丈夫送去，却突然觉得不舒服，就躺下睡着了。没想到醒来时，太阳已经落山了，她一摸汤锅，惊喜地发现汤竟然还热着呢。原来鸡油可以起到保温作用。妻子得到启发：她先烧制一碗鸡汤，将要吃时再倒入肉片、米线和调料，这样她丈夫每天都能吃到热饭了。后来，张浩终于考中状元。由于他妻子每次送饭时，都要经过南湖的一座桥，人们便给这种米线取名为“过桥米线”。人们就此感叹：“感人至深贤妻情，状元功成在过桥。”

过桥米线是云南独特民族饮食文化中的一绝，是中国人民劳动和智慧的结晶，因此也成了中国饮食文化的一部分，至今受到各族人们的喜爱。

油炸桧：为什么油条被称为“油炸桧”？

油条是中国人喜欢的一种早餐。做法是：将面发酵，或先用猪油和面，做成条状，然后将两根面背靠背地粘在一起，放到滚油锅里炸成金黄色，香而松脆，可以单吃，也可以夹在饼里吃，还可以佐着豆浆、米粥吃，经济实惠，是一种大众化食品。

但油条为什么被称为“油炸桧”呢？

南宋时，尤其是宋高宗赵构统治期间，政治腐败，奸臣当道。奸臣秦桧以“莫须有”的罪名，杀害了抗金英雄岳飞，激起了老百姓极大的不满，但人们都敢怒而不敢言。在临安非常繁华的一个地方，有一家卖烧饼的烧饼铺，铺里有一个伙计，人称“王小二”，他为人厚道，聪明伶俐。他冥思苦想，终于想出一个办法。有一天，王小二精心制作出许多面人，捏成秦桧和其妻王氏的样子，并将它们背靠背地粘在一起，放在滚油锅里炸，一边炸，一边大声喊叫：“大家快看：油炸桧啦！”逗得人们笑声一片。人们一拥而上买来吃，边吃边说：“吃油炸烩，让人心里真痛快！”这样一来，王小二烧饼铺的油炸烩，很快就传遍了临安。前来吃油炸烩的人，一天比一天多，烧饼铺的买卖十分兴隆。王小二一边做一边炸，实在忙不过来了。怎么办？聪明伶俐的王小二眉头一皱，计上心来。他取其象征之意，将面人改做成两根面粘在一起，放到滚油锅里炸。一开始，人们都管它叫作“油炸鬼”，后来渐渐把“油炸鬼”称作“油条”了，这个名字一直流传到现在。

第四讲

民间传说·扎根于历史的瑰丽想象

女娲补天："女娲补天"中的"女娲"是创世女神吗？

"女娲补天"是中国古代的一个神话传说。"女娲"是中国的创世女神，是华夏民族的捏土造人的先祖，也是传说中保佑社稷的大神。

相传，人类生息繁衍的时候，水神共工和火神祝融打了起来，最后祝融取得了胜利。共工不服气，一头撞向了不周山，把不周山撞断了。不周山是支撑天地的柱子，不周山倒下了，天也掉下来半边，出现了一个大窟窿，地上也裂了一条大大的裂缝，森林燃起熊熊大火，洪水从地底下奔涌出来，龙蛇猛兽也纷纷出来危害人间。一时间生灵涂炭，人类遇到了一场大浩劫。

女娲决心用五色石补天，以结束这场灾难。她架起火炉，把五色石融成石浆，用石浆把天空上的大窟窿补好了。她把为非作歹的大鳖四脚斩断，将鳖腿当作柱子，把倒塌的半边天重新支撑起来。

经过女娲的一番努力，天补上了，地填平了，水堵住了，龙蛇猛兽也绝迹了。人类又重新过上了幸福安乐的日子。

仓颉造字:“仓颉造字”是汉字的起源吗?

仓颉是轩辕黄帝的史官，也是传说中创造汉字的人。民间认为是仓颉把流传于先民口中的文字加以搜集、整理和使用，创造出了中国的汉字。不过，学术界一般认为，由于汉字的数量巨大、内容复杂，不太可能是仅由仓颉一人创造出来的。有人认为当初创造汉字的人应该很多，是一个团体，而仓颉或许是这个团体的领导者，或者是最终的整理者。这个说法还是比较合理的。但是不管怎么说，“仓颉造字”的神话早已深入人心，而仓颉也因此被后人尊称为“造字圣人”。

据说，当年仓颉觉得人们结绳记事的方法远不能适应实际需要。于是他日思夜想，到处观察，看尽了天上星宿的分布情况、地上山川脉络的样子、鸟兽虫鱼的痕迹、草木器具的形状，描摹绘写，造出种种不同的符号，并且定下了每个符号所代表的意义，并把这种符号叫作“字”。

汉字的创造和发展，标志着中华民族的历史走进了由文字记载的时代，在中国社会历史发展的过程中起了重要作用，为中华民族文明的发展和昌盛做出了不朽的贡献。

精卫填海：小鸟精卫为什么要填海？

传说，炎帝的小女儿不幸溺于东海身亡，死后化作一只精卫鸟，每天不停地从远处衔来树枝和石块，想要把这个夺走她生命的大海填平。这则复仇神话所体现的“精卫精神”，已成为中华民族宝贵的精神财富。

“精卫填海”这一故事反映的是自然的强大与人的精神的崇高。晋代陶渊明“精卫衔微木，将以填沧海”的诗句，就是对精卫精神的生动概括。沧海浩大，小鸟不怕，它想要填平沧海的意志比沧海还要浩大。精卫不屈不挠的填海精神和坚强意志令人敬佩：人们后来将精卫称为“帝女雀”，以此来表达对她充满抗争精神的生命力的赞美。

“精卫填海”神话的出现与当时人们的生存危机有关。上古时期，人们烧林成田，导致大片原始森林消失，海平面不断升高，潮汐不稳，成为当时人类生存的隐患。“精卫填海”也表现了当时人们治水的雄心，对获得更多良田的期望。

“精卫填海”为公不为私，展现了牺牲小我、完成大我的无私精神。其所包含的执着、矢志不渝等精神，已成为中华民族的民族精神与集体性格的基本写照。

八仙过海：八仙各有什么过海的神通？

“八仙过海”是“八仙过海，各显神通”或“八仙过海，各凭本事”的简称，比喻人们可依靠各自的特别能力而创造奇迹。

“八仙过海”源于一个传说。相传白云仙长邀请众仙到岛上共赏牡丹，铁拐李仙人说：“蓬莱、方丈、瀛洲景致秀丽，我们为什么不去那里游玩呢？”众仙齐声附和：“我们身为仙人，今日就不要乘船了，不如各自凭自己的本事渡海过去，大家意下如何？”众仙听了，欣然赞同。众仙来到海边，纷纷亮出自己的法宝：汉钟离把芭蕉扇甩开扔到大海里，跳到扇子上，踏浪过去。何仙姑将荷花往海里一放，站在荷花中间，漂到对岸。手拿除魔宝剑的吕洞宾、骑着毛驴的张果老、持着可让周围寂静无声的玉板的曹国舅、手执奇花异果的蓝采和、手持笛子的韩湘子、拥有葫芦仙丹的铁拐李，也纷纷将宝物扔入海中，然后跃然而上，各显神通，遨游在万顷碧波之中。

“八仙过海”的故事脍炙人口，被多次改编为小说、电影和电视剧。现在，在山东省蓬莱市有八仙过海旅游景区，也就是神话传说中八仙过海的地方。景区三面环海，人们可以乘坐快艇在海上游览，感受八仙过海的神奇，过一把神仙瘾。古老的神话传说，迷人的山海风光，吸引了众多游客来此寻觅仙踪，拜仙祈福。

梁祝：梁山伯与祝英台的故事为何能成千古绝唱？

“梁祝”是“梁山伯与祝英台”的简称，它与“白蛇传”“孟姜女哭长城”“牛郎织女”并称中国古代四大民间爱情传说。从西晋开始，“梁祝”的爱情故事就在民间流传，迄今已有一千七百多年的历史，被誉为千古爱情绝唱。

“梁山伯与祝英台”的故事发生在东晋时期。浙江上虞祝家有女名叫祝英台，女扮男装到杭州游学，与同在杭州读书的书生梁山伯相遇，两人一见如故，结拜为兄弟。同窗三年，两人培养了深厚的感情，但梁山伯自始至终都不知道祝英台是女儿身。后来祝英台中途退学返回家乡，梁山伯十八里相送，途中祝英台借景生情百般提醒示好，但梁山伯仍蒙昧不懂其意。后经师母提点，梁山伯才确信三年的好友竟真的是女儿身，便来祝家提亲，但是此时祝英台早已被父亲许配给了马文才。梁山伯伤感不已，日思夜想，抑郁而死。祝英台出嫁时，经过梁山伯的坟墓，突然狂风大起，祝英台下花轿到梁山伯的墓前祭拜，梁山伯的坟墓瞬间塌陷，祝英台投身坟中，随后从坟中飞出一对彩蝶，双双飞向天空。

宋朝以后，南戏、杂剧创作繁盛，这个故事被搬上戏台。从元代白朴的《祝英台死嫁梁山伯》到明代朱少斋的《英台记》，对这个爱情故事的演绎经久不衰，在百姓心中留下了深刻印象。

白蛇传："白蛇传"是人与妖的恋爱故事吗？

"白蛇传"是江苏省镇江市、浙江省杭州市的地方传统民间文学，国家级非物质文化遗产之一。故事中塑造了蛇妖白素贞、许仙、法海和小青等鲜明的人物形象，反映了封建制度对人性的桎梏。

传说，白素贞是修炼千年的白蛇妖，为了报答许仙前世的救命之恩，化为人形前来寻找许仙。有一天，白素贞与许仙相识于雨中断桥，两人坠入爱河，结为了夫妻。禅师法海认为白素贞是害人的妖怪，必须要替百姓除掉这个祸害，就用计掳走许仙并将其囚在金山寺。白素贞为救许仙，施法让洪水淹没了金山寺，因此触犯天条，最终被法海镇压在雷峰塔下。法海宣称要等塔倒掉时才许她重见天日。后来，白素贞与许仙的儿子许仕林考取了状元，回乡祭塔，孝感天神，使得雷峰塔法力失效，白素贞终于出塔。许仕林继而又将许仙从金山寺接回，一家团聚。

"白蛇传"虽然是传说故事，但是镇压白素贞的雷峰塔确实存在。这座塔原名西关砖塔，又名黄妃塔，是吴越国王钱俶因黄妃得子而建，但因为该塔建在西湖南岸夕照山的雷峰上，所以当地百姓都称之为雷峰塔。许仙和白素贞的爱情故事，使雷峰塔成了压制自由爱情的封建礼教的象征。1924 年，雷峰塔轰然倒塌，后于 2002 年重建。

孟姜女哭长城：孟姜女为什么要哭长城？

孟姜女是中国民间传说中的人物，她的故事是中国古代四大爱情传奇之一，千古流传，脍炙人口。

相传，统一六国的秦始皇为巩固自己的统治，下令在全国各地征集数十万民夫修筑万里长城。当时有一对青年男女范喜良和孟姜女，两人成婚刚满三天，范喜良就被抓去做民夫了。从此孟姜女日日哭，夜夜哭，一直想念范喜良，却得不到他的任何音讯。

冬天很快就到了，天寒地冻，孟姜女万分不放心，连夜赶制了冬衣，辞别家中老人去寻找范喜良。她风餐露宿，饥寒交迫，一路打探着寻到长城脚下，却听到修长城的民夫说范喜良已经过劳而死，尸体被埋在长城下面。孟姜女顿时痛哭失声，哭得日月无光，天昏地暗，长城随之崩塌，露出了范喜良的尸首。

这时秦始皇来巡察长城，正巧看到眉清目秀、如花似玉的孟姜女，就起了霸占她的心思。孟姜女将计就计，要秦始皇答应她三个条件：一是要秦始皇搭起三十里长的孝棚；二是要秦始皇披麻戴孝，领文武百官到祭台上悼念万喜良；三是要在跟秦始皇成亲之前去海上游玩。三个条件缺一不可，否则宁死不从。秦始皇为了讨得孟姜女欢心，竟然一一答应了。最后，孟姜女哭完丈夫，假意要去海上游玩，寻机纵身跳入海中自尽了。

孟姜女的故事展现了中国古代女子对爱情的忠贞和执着，同时也批判了横征暴敛和繁重徭役给人们带来的深痛苦难。当然了，这只是传说。历史上的秦始皇和孟姜女并没有任何关系，而长城也有着抵御侵略、保障百姓安居乐业的积极意义。

牛郎织女：七夕节起源于牛郎织女的传说吗？

“牛郎织女”是中国四大民间爱情传说之一。

传说，牛郎的身世十分凄苦：父母早逝，与哥哥、嫂子相依为命，但时常受到他们的虐待，只得与一头老牛作伴。其实，这头老牛是金牛星下凡。有一天老牛给牛郎出了个主意，帮助他娶织女为妻。那一天，美丽的仙女们下凡沐浴，藏在草丛中的牛郎突然跑出来拿走了织女的衣服。惊慌失措的仙女们匆忙上岸穿好衣服飞回天庭，就剩下织女。在牛郎的恳求下，织女答应了牛郎，做了他的妻子。结婚以后，牛郎耕田，织女织布，生活得非常幸福，还有了一对儿女。老牛临死前要牛郎把它的皮留下来，在危急的时候用。

牛郎织女结婚的事被天庭的玉帝和王母娘娘知道了。他们命令天神把织女抓回来。牛郎回到家发现织女被抓了，急忙披上牛皮，担着两个孩子追了过去。眼看着就要追上了，王母娘娘拔下头上的金簪往银河上一挥，银河顿时浊浪滔滔，挡住了牛郎的去路。牛郎织女只能隔着银河，泪眼相望。时间久了，玉帝和王母娘娘被牛郎织女的真情感动了，允许他们在每年农历七月七日相会一次。这一天，喜鹊会飞上天，在银河上为牛郎织女搭好鹊桥，使他们相会。

千百年来，牛郎织女这个古老而动人的爱情故事，一直流传下来。每年的农历七月初七，被称为“七夕”，成了中国版的“情人节”。

愚公移山：愚公真的可以移走大山吗?

“愚公移山”是中国古代民间传说，也是一个成语，比喻做事有毅力，有恒心，坚持不懈，不怕困难。

这个故事最早出自《列子·汤问》。有个叫愚公（愚蠢的老人）的人，他家门前有两座大山挡住了路，出行很不方便，于是他决定把山平掉。智叟（聪明的老人）听说后笑他太傻，认为山是不可能被平掉的。愚公说：“我死了有儿子，我的儿子死了还有孙子，子子孙孙无穷无尽，怎么不能把大山移平呢？”后来，愚公的言行感动了天帝，天帝命夸娥氏的两个儿子搬走了那两座山。

黄粱梦:“黄粱梦”是什么梦?

“黄粱”，即小米。“黄粱梦”这个词源于唐朝沈既济在《枕中记》中记载的一个故事。唐朝时，有一个姓卢的书生住在邯郸的旅馆里，遇到一个叫吕翁的道士。卢生向吕翁感慨自己穷困潦倒，吕翁听后，从衣囊中取出一个枕头给卢生，说:“你枕着这个枕头睡觉，保证你会称心如意。”这时店主人开始煮小米。卢生枕着这个枕头开始睡觉，很快就睡着了。在睡梦中，他回到家中，还娶了一个美丽的妻子，他的钱也越来越多。不久，卢生又中进士，多次得到提拔，最后被提升为宰相。他先后生了五个儿子，个个都做了官，取得了功名，此后又有了十几个孙子，成了名门望族，拥有享用不尽的荣华富贵。到 80 多岁时，他得重病去世了。这时他突然惊醒，才知道这只是一场梦。而此时，店主人的小米饭还未熟。卢生十分奇怪地问:“这难道是场梦？怎么好像真的一样？”吕翁听了便说:“人生的归向，不也是这样吗？”经过这黄粱一梦，卢生大彻大悟，觉得荣华富贵都是浮云，再也不想进京赶考了，反而进山修道去了。

“黄粱梦”，意即享尽人生荣华富贵的梦，比喻虚幻不实的事和欲望破灭犹如一梦。

望洋兴叹："望洋兴叹"有何寓意？

相传很久以前，黄河里有一名河神，人们称他为河伯。有一天，河伯站在黄河岸上，望着滚滚的浪涛由西而来，又奔腾向东流去，兴奋地说："黄河真大啊，世上应该没有哪条河能和它相比，我就是最大的水神啊！"大海告诉他："你的话不对，在黄河的东面有个地方叫北海，那才叫大呢。"

河伯说："我不信，北海再大，能大得过黄河吗？"

大海说："别说一条黄河，就是几条黄河的水流进北海，也装不满它啊！"河伯固执地说："我才不信呢。"

大海无可奈何地摇摇头说："有机会你去北海，就明白我的话了。"

秋天到了，连日的暴雨使大大小小的河流都注入黄河，黄河的河面更加宽阔了。这一下，河伯更得意了，以为天下最壮观的景色都在这里了。这时，他想起了北海，就决定去那里看看。

河伯顺流来到黄河的入海口，突然眼前一亮，放眼望去，只见北海汪洋一片，无边无际。他深有感触地对北海说："只懂得一些道理就以为谁都比不上自己，这说的就是我啊！今天要不是我亲眼见到这浩瀚无边的北海，我还以为黄河是天下第一呢！若真那样，岂不是要永远被有见识的人笑话了？"

"人外有人，天外有天。"任何时候，人都不要骄傲自满。

第五讲

寓言故事·最优雅的讽刺，最幽默的劝谏

邯郸学步："邯郸学步"是指一个名叫邯郸的人学习走路吗？

"邯郸学步"，也称为"学步邯郸"，"邯郸"不是人名，而是一个地名，即今河北省邯郸市。

"邯郸学步"是庄子在《庄子·秋水》中讲的一个故事，说是有一个燕国人听说古都邯郸人走路的姿势很漂亮，便来到邯郸，学习邯郸人走路。但是他不仅没有学到邯郸人漂亮的走路姿势，还把自己原来的走路姿势都忘记了，最后只好爬着回到了燕国。

"邯郸学步"比喻一味模仿别人，不仅学不到本事，反而把原来的本事也丢了。

画蛇添足：为什么要给蛇画上脚呢？

中国当然没有长脚的蛇。“画蛇添足”，意思是画蛇时给蛇添上脚，比喻做多余的、不恰当的事，以致弄巧成拙。

关于这个成语，有一个典故。一个楚国人赏给几个部下一壶酒，部属互相商量说：“这壶酒不够几个人喝，一个人喝这壶酒才能喝得过瘾。我们可以在地上画蛇，先画成的人可以喝酒。”一个人最先把蛇画好了，他拿起酒壶准备喝酒，发现别人还没画好，就得意地说：“我还有时间给蛇画脚啊。”于是，就开始给蛇画脚，还没等他画完，另一个人的蛇就画成了，夺过他的酒说：“蛇本来没有脚，你怎么能给它画脚呢？”

给蛇画脚的人最终没喝到酒。后来人们就根据这个故事引申出“画蛇添足”这句成语，比喻有的人自作聪明，做了多余的事，反而把事情办糟了。

囫囵吞枣：“囫囵吞枣”中的“囫囵”是什么意思？

“囫囵”是指整个儿的东西。“囫囵吞枣”是指把枣整个咽下去，不加咀嚼，不辨滋味。比喻笼统地接受，不加分析、甄别，不求甚解。

“囫囵吞枣”是中国古代的一个寓言故事：从前有个人参加朋友的聚会，大家边吃边聊。其中一个客人感慨万分地说：“这世上很少有两全其美的事，就拿吃水果来说，梨对牙齿很好，但是吃了伤胃；枣子能健胃，可惜吃多了会伤牙齿。”大家都觉得很有道理。这个人为了表现自己的聪明，就接下去说：“这很简单嘛！吃梨子时不要吃进果肉，就不会伤胃；吃枣子时整个吞下去，就不会伤牙啦！”这时桌上正好有一盘枣子，他说完便拿起一个大枣放在嘴里，囫囵吞了下去。有个喜欢开玩笑的人说：“你真是囫囵吞枣呀！”大家听了，都笑得前仰后合。

后来，人们用“囫囵吞枣”比喻读书学习时不认真思考理解，只是笼统接受，学不到真正知识。

刻舟求剑：“刻舟求剑”如何体现中国古代的发展观？

“刻舟求剑”是《吕氏春秋·察今》中记述的一则寓言。有个楚国人，坐船渡河时不慎把剑掉入河中，他用刀在船上刻下记号，说：“这是我的剑掉下去的地方。”当船停下时，他沿着记号跳入河中找剑，遍寻不获。这个寓言故事讽刺了那些头脑僵化、不知变通的人，同时也劝勉为政者要明白世事在变，若不知改革，就无法治国。后引申成墨守成规、不会灵活变通之意。

中国古代的发展观思想源远流长，它凝结着中国先哲洞察天地、处理各种时空问题的智慧，是中国传统文化中的思想精华。在浩瀚的中国典籍中，变易思想随处可见。老子的“故飘风不终朝，骤雨不终日。孰为此者？天地。天地尚不能久，而况于人乎”；孔子的“逝者如斯夫，不舍昼夜”；庄子的“吐故纳新”……这些都体现出中国古代朴素的唯物论思想和辩证法思想，告诉人们宇宙万物都处于日新月异的发展变化之中，不能把眼光一直局限于一时一地。

滥竽充数:“滥竽充数”告诉人们什么道理?

“滥竽充数”中的“滥”，意思是混杂、不加选择，而“竽”则是一种乐器。

“滥竽充数”是指不会吹竽的人混在乐队里充数，骗取好处。

这个典故出自《韩非子·内储说上》。齐宣王喜好音乐，且喜欢很多人的合奏。有一个叫南郭先生的人听说此事，觉得有机可乘，就跑到齐宣王面前吹嘘自己是非常有名的吹竽乐师，最终得以加入齐宣王的乐队。根本不会吹竽的南郭先生享受着优厚的待遇，每次表演时都装作投入的样子，就这样蒙混过关。

齐宣王死后，新王齐湣王却喜欢竽的独奏，要求乐师轮流吹竽给他听，南郭先生无法继续滥竽充数下去，只能逃走。

韩非子写这个故事就是告诫人们，只有真才实学才能经得住考验，弄虚作假、蒙混过关的人只能和南郭先生一样下场。

战国时期人才辈出，寒门子弟只有凭借自己的真才实学才能得到王公贵族的赏识而获得成功，但是很多资质平庸、不学无术的人也企图浑水摸鱼，希望能够一步登天、飞黄腾达。韩非子目睹了这种怪现象，作此寓言警告世人。

南辕北辙："南辕北辙"的人能达到目的吗？

"南辕北辙"指要到南面去，却驾着车向北走。"辕"是车杠，"辙"是车轮在路上留下的痕迹。辕向南，辙向北，比喻行动与目的相反，结果离目标越来越远。现在常常比喻把简单的事情复杂化。

"南辕北辙"的故事是：魏王要攻打邯郸，季梁听说了这件事，求见魏王说："今天我在回来的路上遇到一个人，正驾着马车朝北行驶，他告诉我说他要到楚国去。我问他：'楚国在南方，你既然要去楚国，为什么要向北走呢？'他说自己的马非常精良，路费也很多，马夫也擅长驾车。但是这几个条件越好，他离楚国就越远。大王，您想成为霸王，要取信于天下，但您这样的行动越多，离称王的霸业就越远，这就像想到楚国却往北走一样。"

这则寓言说明：无论做什么事情，都应该先把握好方向，这样才能充分发挥自己的优势。如果方向错了，那就会起到反作用，背道而驰。

井底之蛙:“井底之蛙”为何见识短浅?

“井底之蛙”语出《庄子·秋水》:一口废井里住着一只青蛙,有一天,一只从海里来的大龟来到井边,青蛙就对海龟夸口说:“你看,我住在这里多快乐!有时高兴了,就在井栏边跳跃一阵;疲倦了,就回到井里,在砖洞边睡一会。我是这个井里唯一的主人,在这井中自由自在,你为什么不来玩玩呢!”海龟后退了两步,对青蛙讲起了大海的情形:“你看过海吗?海的广大,哪止千里;海的深度,哪止千来丈。古时候,十年有九年大水,海里的水,并不见得涨了多少;后来,八年里有七年大旱,海里的水,也不见得浅了多少,可见大海是不受旱涝影响的。住在那样的大海里,才是真的快乐呢!”井蛙听了海龟的一番话,一下子呆住了。

“井底之蛙”比喻见识短浅的人。这“井”虽是水井,其实却是“陷阱”。

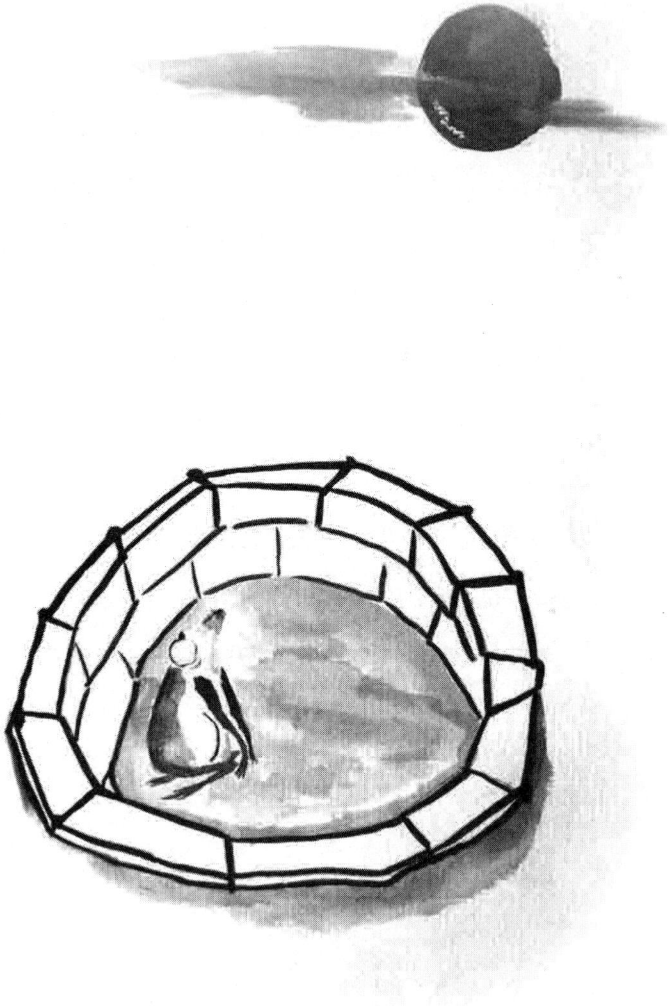

买椟还珠："买椟还珠"讽刺了哪种行为？

"买椟还珠"的意思是：购买了用漂亮盒子包装的珠宝后，却只要盒子，不要珠宝。这个典故比喻人没有眼光，为了芝麻丢了西瓜，告诫人们不要只看华丽的外表，更要注重内涵，否则就会舍本逐末。

"买椟还珠"源自这样一个故事：从前有一个楚国人，他有一颗漂亮的珍珠，打算卖个好价钱。他挑选出名贵的木兰作为材料，请来手艺高超的工匠，为珍珠做了一个奢华的盒子，并用香料把盒子熏得香气扑鼻，在盒子上精雕细琢了许多漂亮的花纹，镶上漂亮的金属花边。整个盒子看上去金光闪闪，巧夺天工。

楚国人小心翼翼地将珍珠放进盒子，拿到市场上售卖。一个郑国人走过来，他一看见漂亮的盒子，立刻爱不释手，越看越喜欢，就出高价买下来。付完钱后，郑国人拿起盒子就走，可是没走几步，他又折返回来。楚国人以为郑国人后悔出了高价，要退货，但郑国人却打开盒子，取出珍珠交给楚国人，并说："先生，我是特意来还珍珠的，您将一颗珍珠忘在盒子里了。"楚国人拿着珍珠，不知说什么好了。

自相矛盾："矛盾"是指兵器吗？

"矛盾"比喻言语和行为自相抵触的现象，出自《韩非子》中的《难一》。

从前有一个卖兵器的商人在街边叫卖矛和盾，他夸口说自己的盾异常坚固："任何锋利的东西都不可能刺穿它。"过了一会儿，他又开始鼓吹说他的矛特别锋利："我的矛非常锋利，任何坚固的东西都能刺穿。"路人就问他："用你的矛刺你的盾会是什么结果呢？"那人一下子回答不上来了。

无法穿透的盾和什么都能刺得破的矛，是不可能同时存在的。"矛盾"这两种古代功用相反的兵器因此用作比喻互不相容的言行，在唯物辩证法中指客观事物和人类思维内部各个对立面之间互相依赖又互相排斥的关系。

盲人摸象：“盲人摸象”为什么是个贬义词？

“盲人摸象”比喻遇到问题以偏概全、以点带面，讽刺那些没有了解全部，就武断下结论的人。

“盲人摸象”的典故如下：从前有一个非常有智慧的国王，为了让臣民们相信佛法的真理，他想出了一个办法。有一天，国王召集臣子，让他们把全国所有刚出生就看不见的人都带到皇宫里来。盲人到齐后，他命人牵来一头象，送到盲人那里去。臣民们听说了这个消息，觉得十分奇怪，就争先恐后地赶去参观。国王让那些盲人去摸象的身体，有摸着象脚的，有摸着象尾的，有摸着象头的。过了一会儿，国王问他们有没有看到大象，盲人们都争着回答说看见了。于是国王就请他们描述一下他们所看见的象是什么样的。摸象脚的人说象好像漆桶，摸象尾的人说像扫帚，摸象腹的人说像鼓，摸象背的人说像高高的茶几，摸象耳的人说像簸箕，摸象头的人说像笆斗，摸象牙的人说像角。他们生下来就没见过象，因此都说错了，但他们还是各执一词、争论不休。

国王听完哈哈大笑，指出盲人们没见过象的全身，却自以为窥见了它的全貌。这就好比人们还没听见佛法，就自以为得到了真理。臣民们从中觉悟，开始虔诚地笃信佛教了。

亡羊补牢:“亡羊补牢”晚不晚?

“亡羊补牢”，顾名思义，就是等到羊丢了以后再去修羊圈。

从前有个人，他养了很多羊，每天早晨赶着羊上山放牧，晚上再把羊赶回家。

一天早晨，他发现羊圈里少了一只羊。原来是羊圈破了个大窟窿，夜里有狼从窟窿钻进来，把羊叼走了。

邻居劝告他说:“赶快把羊圈修一修，堵上那个窟窿吧。”

他说:“羊已经被叼走了，还去修羊圈干什么呢？”就没有听从邻居善意的劝告。

第二天早上，他去放羊，发现又少了一只羊。原来狼又从窟窿钻进羊圈，叼走了一只羊。他很后悔没有听从邻居的劝告，就及时采取补救措施，堵上了那个窟窿，把羊圈修得结结实实。从此以后，他的羊再也没有被狼叼走过。

犯了错误要及时改正，只要认真吸取教训，及时采取补救措施，就可以避免遭受更大的损失。

城门失火，殃及池鱼：城门失火了，为什么连池里的鱼也会遭殃呢？

“城门失火，殃及池鱼”比喻在没有直接联系的事物之间，也可能存在着某种间接的联系，如果一方出现了问题，另一方也可能遭受祸害。即现在所说的“蝴蝶效应”。

典故出自杜弼的《檄梁文》，说从前某地的城门下有个池塘，一群鱼儿在里边快乐地游着。突然，城门着了火，人们赶来池塘取水救火。不一会儿，火被扑灭了，而池塘的水也被取干了，满池的鱼都遭了殃。这个故事告诉我们：火、水、鱼看似无关，实则相关。池塘里的鱼和水是直接联系；池塘的水能灭城门的火，这也是直接联系；而鱼儿与城门失火则是间接联系，是通过池水这个中间环节发生联系的，而这种关系则常常被人们忽略。

世界上的任何事物都是由若干个小的部分和要素构成的，而构成事物整体的各个部分和要素又不是杂乱无章、彼此孤立的，而是相互依存、相互联系的。事物也正是通过这种方式才能成为有机的一个整体。

中国古人仅仅通过一件日常发生的事便悟出了这样的道理，这种朴素的辩证法思想体现了古人善于观察事物、提炼哲理的大智慧。

唇亡齿寒:“唇亡齿寒”体现了什么哲理?

“唇亡齿寒”的字面意思就是，如果嘴唇没有了，那么牙齿就会感到寒冷。其引申义就是事物双方彼此具有联系，休戚相关。

这个故事出自《左传·僖公五年》。当时晋献公又向虞国借路攻打虢国，虞国大臣宫之奇劝阻虞公说:“虢国是虞国的外围，虢国灭亡，虞国一定跟着亡国。不可以忽视晋国的野心，对入侵的敌人不可以掉以轻心。一次借路已经是过分，怎么能有第二次呢?俗话所说的‘面颊和牙床骨相互依存,嘴唇丢了牙齿就受凉’，那就是说的虞、虢两国的关系。”虞公听不进宫之奇“唇亡齿寒”的道理，答应了晋国使者的借道请求。于是宫之奇便带领他的家族出走，说:“虞国过不了年终大祭了，晋国只需这一次行动，不必再出兵了。”这年冬天，晋国灭掉了虢国。而后军队回来，住在虞国的馆舍，就趁机进攻虞国，捉住了虞公，虞国也灭亡了。

“唇亡齿寒”强调的是事物彼此利害与共，即一方遭难，另一方也难以幸免。古人以史为鉴，告诉我们，事物是普遍联系的整体，所以要用联系的观点看问题，不可随意割裂事物之间的客观联系。例如，2008年，美国爆发了次贷危机，股票大跌，失业率猛增，同时在经济全球化和金融业联动的背景下，这场金融危机逐渐扩散到全世界大部分国家和地区，即使是远在大洋彼岸的中国也不能独善其身。这更加说明了“唇亡齿寒”“唇齿相依”的哲理性和中国古人令人赞叹的智慧。

塞翁失马："塞翁失马"到底是福是祸？

"塞翁失马"中的"塞"，是边塞的意思。"塞翁失马"是一则寓言故事，节选自《淮南子·人间训》：边塞附近有一家人，他家有一匹马迷路跑丢了，于是大家都来安慰他们，但这家里的老人却说："这难道就不是福吗？"过了一阵子，这匹马居然回来了，还带来了一匹骏马。大家又都来祝贺他们，老人却说："这难道就不是祸吗？"果然不久之后，老人的儿子骑马摔断了腿。大家又来安慰他，老人说："这难道就一定不是福吗？"过了一年，少数民族入侵，年轻男子都要上战场，老人的儿子是跛腿，可以不用服兵役，父子两人得以平安地在家里生活。

后来人们从这个故事引申出一个成语"塞翁失马，焉知非福"，比喻虽然一时受到损失，也许反而能因此得到好处，也指坏事在一定条件下可变为好事。事物的福和祸在一定条件下可以互相转化，要以辩证的态度去看待。这个故事告诉我们，无论遇到福还是遇到祸，都要调整自己的心态，超越时间和空间去观察问题，还要考虑到事物有可能出现的变化。这样，无论是福事变祸事，还是祸事变福事，人们就都有足够的心理承受能力了。

对牛弹琴："对牛弹琴"是指对着牛弹琴吗？

"对牛弹琴"比喻说话不看对象，也比喻对愚蠢的人讲道理，常含有徒劳无功和讽刺对方愚蠢之意。

"对牛弹琴"出自汉代牟融的《理惑论》，说是在春秋时期，鲁国有个著名的音乐家，对音乐有极深的造诣，善于弹琴。他的琴声优美动听，人们往往听得如醉如痴。有一年春天，他带着琴来到城郊的田野散步，心情非常舒畅。他环顾四周，发现不远处有一头大公牛正在吃草，便兴致勃发，突发奇想要为这头公牛演奏一曲。于是他拨动琴弦，对着这头公牛弹奏了一首高雅的曲子。虽然他弹奏得非常悦耳动听，但那头吃草的牛却根本不理会什么高雅的曲调，仍然低着头继续吃草。他见美妙的琴声并不能打动这头不懂音乐的牛，非常无奈。过了一会儿，他抚动琴弦，弹出一段段奇怪杂乱的声音，有的像嗡嗡的蚊蝇声，有的像迷路的小牛犊发出的叫声。这时候这头大公牛才像突然明白了什么似的，摇摇尾巴，竖起耳朵，听了起来。

后来人们根据这个故事，用"对牛弹琴"比喻对愚蠢的人讲深刻的道理，或是对外行人说内行话，白白浪费时间，徒费口舌，也用来讥笑人说话不看对象。

第六讲

成语典故·众人皆说，成之于语

班门弄斧："班门弄斧"是玩斧头的意思吗？

鲁班是春秋时期著名的木匠，在鲁班门前舞弄斧子，炫耀技能，显然是自不量力，所以"班门弄斧"用来比喻在行家面前卖弄本领，自取其辱。"班门弄斧"在古代被用来批评那种无知却又好卖弄的人，具有讽刺意味。

"班门弄斧"的雏形是唐代柳宗元在《王氏伯仲唱和诗序》中的一句话："操斧于班、郢之门，斯强颜耳。"意即在操斧能手前操弄斧子，脸皮真厚。到了明代，有一天，诗人梅之焕到采石矶凭吊李白，只见李白墓上、墓前所有可以写字的地方，都有人留下诗句——实际上都算不上是诗，而是胡诌。这些拙劣诗人竟在诗仙李白墓前舞文弄墨，梅之焕越想越不是滋味，感慨之余，挥笔题了一首诗："采石江边一堆土，李白之名高千古。来来往往一首诗，鲁班门前弄大斧。"即讥讽那些自以为会写诗的游人，是在"班门弄斧"，于是这个成语就这样流传了下来。

现在这个成语告诉我们，人应该谦虚学习，学得越多，知道的事情就越多，也就不会再班门弄斧了。有时，人们也用班门弄斧这个成语来自谦，表示自己的水平有限，请他人批评指教。

沉鱼落雁，闭月羞花：为什么用“沉鱼落雁，闭月羞花”来形容女性的美貌？

中国人常常喜欢用“沉鱼落雁、闭月羞花”来赞美女性的美貌，为什么呢？

相传中国古代有四大美女，即春秋时期的西施、汉代的王昭君、三国时期的貂蝉、唐代的杨玉环。“沉鱼落雁之容，闭月羞花之貌”就是分别用来形容她们的美貌的。

“沉鱼”，讲的是西施浣纱的故事。西施是个浣纱女子，她在河边浣纱时，鱼儿看见了她美丽的倩影，于是忘记了游水，渐渐地沉到河底。西施“沉鱼”的故事就流传开来了。

“落雁”，指的是昭君出塞的故事。汉元帝为安抚北匈奴，选王昭君远嫁单于，以保两国永远和好。昭君告别故土，前往匈奴。南飞的大雁看到坐在马车上的这个美丽女子，竟忘记了扇动翅膀，结果跌落下来。从此，昭君就得到了“落雁”的美誉。

“闭月”，是述说貂蝉拜月的故事。据说三国时期的貂蝉在后花园拜月时，忽然轻风吹来，一块浮云将那皎洁的明月遮住。这一切正好被她的义父王允瞧见，于是王允就到处宣扬，说月亮觉得自己不如貂蝉美，只能躲在云彩后面。因此，貂蝉也就被人们称为“闭月”了。

“羞花”，谈的是杨玉环杨贵妃醉酒观花的故事。唐代的杨贵妃在醉酒后摸了下宫中的含羞草，花瓣立即收缩，绿叶卷起低下。宫女看到了这一幕，又联想到杨贵妃的美貌，逢人便说“杨贵妃和花比美，花儿都含羞低下了头”。就这样，“羞花”成了杨贵妃的代称。

人们现在一般把这四个词合起来称颂女性之美，这既符合中国人含蓄内敛的性格，也文雅动听。

高山流水："高山流水"指的是景色吗？

春秋时期，有个叫俞伯牙的人，他很喜欢弹琴，而有个叫钟子期的人则擅长听琴。钟子期总是能理解和体会俞伯牙在琴声中寄托的情感。俞伯牙弹琴志在高山，钟子期就情不自禁地说："这琴弹得好啊，琴声好似泰山一样巍峨雄壮。"俞伯牙弹琴志在流水，钟子期又情不自禁地说："这琴弹得好啊，琴声犹如江河一般奔腾浩荡。"俞伯牙惊喜万分，于是与钟子期成为知心好友。

后来，钟子期去世，俞伯牙非常痛惜伤感。俞伯牙觉得，世间再无人能欣赏自己琴声中那包藏宇宙、吞吐天地的奥妙了，既然如此，留下这琴又有何用？于是，他扯断琴弦，摔碎琴身，终其一生不再弹琴。

这个故事成为千古流芳的佳话，"高山流水"也被后人比喻为知音或知己。人之相知，贵在知心，人生得一知己足矣。

鸿雁传书："鸿雁传书"中的鸿雁是中国的信差吗？

鸿雁是一种大型候鸟，每年秋季飞往南方。"鸿雁传书"指通信，鸿雁也常常用来指书信或传递书信的人。但事实上，鸿雁并不能传递书信。

那为什么汉语里用"鸿雁"代称书信或传递书信的人呢？

汉朝时，苏武出使匈奴，匈奴统治者单于看中苏武，希望苏武臣服，被苏武严词拒绝，可单于又爱惜他的才干，尊重他的气节，不忍杀死苏武。于是，单于就将苏武流放到北海。10 年后，汉朝与匈奴和亲，但单于仍不放苏武回汉，谎称苏武已死。与苏武一起出使匈奴的常惠，向汉使密报了苏武的情况，并让汉使对单于讲：汉朝皇帝打猎射得一雁，雁足绑有书信，信中说苏武在某个沼泽地带牧羊。单于听后，只得让苏武回汉。后来，"鸿雁传书"的故事便流传为千古佳话，"鸿雁"也成了信差的美称。

"鸿雁"不能传递书信，那么在古代，中国人靠什么来传递书信呢？

其实古代的中国人是靠信鸽来传递紧急书信的，早在 2500 年前人们就开始驯养信鸽了。后来才发展出遍布全国的邮驿网络。

画饼充饥："画饼充饥"是指画出来的饼能吃吗？

“画饼充饥”的意思是画一张饼来解除饥饿，比喻用空想来安慰自己。

“画饼充饥”的故事与曹操的孙子曹叡有关，他是三国时代魏国的第二代君王。曹叡有个最亲信的大臣，名叫卢毓。《三国志·魏书·卢毓传》记载，有一次曹叡想找一个适当的人当中书郎，让卢毓推荐，并且告诉他：“选举莫取有名，名如画地作饼，不可啖也！”意思是：选拔人才不要只看一个人的名声大小，因为名声好比画在地上的饼，是没法吃的。也就是说不要推荐徒有虚名的人。

“画饼充饥”与“望梅止渴”类似，但前者侧重自欺欺人，后者则被视为一种智谋。

望梅止渴:“望梅”真的就不会渴了吗?

东汉末年，曹操带兵讨伐张绣。时值盛夏，骄阳似火，大地都快被烤焦了。军队连日行军，十分疲惫，又没有水喝。士卒头昏眼花，口干舌燥，不时有人晕倒。

曹操目睹此情此景，很是着急。几万人马，无水可喝，如此下去，必定贻误战机。他叫来向导，悄悄问他:“附近可有水源？”向导回答:“最近的水源在山谷另一边，须绕道。”曹操一想，认为时间来不及。这时他看到前面有一片树林，想出了一个办法。他快马赶到队伍前面，用马鞭指着前方说:“将士们，前面不远的地方有一片梅林，结了又酸又甜的梅子，大家再坚持一下，走到那里就能解渴了。”

士兵们听了曹操的话，想起了梅子的酸味，就好像真的吃到了梅子一样，口里顿时生出了不少的口水，精神也振作起来。

这说明，遇到困难，多动脑筋，想办法，就一定能战胜苦难。

画龙点睛："画龙点睛"中的"睛"是指眼睛吗？

"画龙点睛"中的"睛"确实是指眼睛，因为眼睛是最关键、最有表现力的部位，所以"画龙点睛"比喻写文章或讲话时，在关键处用几句话点明实质，使内容生动有力。

梁朝有位名叫张僧繇的名画家，其绘画技术高超。有一年，梁武帝要张僧繇在金陵安乐寺的墙壁上画四条金龙，他仅用三天时间就画好了。这些龙画得栩栩如生、惟妙惟肖，简直就像真龙一样。

张僧繇画好后，吸引了很多人前去观看，人们都称赞他画得好。可是，人们走近一看，却发现画有美中不足之处——四条龙全都没有眼睛。大家纷纷请求画家把龙的眼睛点上。张僧繇解释说："给龙点上眼睛并不难，但是点上眼睛后这些龙会飞走的。"大家听后都不相信，认为这件事很荒唐——墙上的龙怎么能飞走呢？张僧繇被逼得没有办法，只好答应给龙"点睛"，但是他只肯为两条白龙点睛。

这一天，寺庙墙壁前有很多人围观，张僧繇当着众人的面，提起画笔，轻轻地给两条龙点上眼睛。奇怪的事情果然发生了，他点过第二条龙的眼睛后，天空乌云密布，狂风四起，电闪雷鸣，在雷电之中，被"点睛"的两条龙凌空而起，张牙舞爪地飞向天空。过了一会儿，云散天晴，人们被吓得目瞪口呆，一句话都说不出来了。再看看墙上，只剩下了没有被点上眼睛的两条龙。

后来人们就用"画龙点睛"来比喻在说话或者做事时一定要处理好关键部位。

鸡犬升天：鸡犬为什么能升天？

传说汉朝淮南王刘安吃了仙丹成仙后，他吃剩的仙丹洒落在院子里。他家的鸡和狗吃了遗落的丹药，也都升天了。这个成语比喻一个人得势，他的亲戚朋友也都跟着沾光。“一人得道，鸡犬升天”“淮南鸡犬”等成语典故就源于此。

中国人重视自然生命，追求长寿，比如，道教认为成为长生不老的神仙是最好的归宿。同时，帮助自己成仙的“鸡犬”也应该得到相应的回报，和自己一起升天。这里所说的“鸡犬”可指其家庭成员，也可指普通朋友。这一切都反映出中国人对人伦情感的重视。

现在这个成语还用来讽刺官场上的裙带关系，这时的“道”就变成了“官位”“权力”“势力”的代名词，与其最初的意蕴相差甚远了。

梁上君子：为什么用“梁上君子”代称窃贼？

“梁上君子”是指躲在梁上的君子，是窃贼的代称。“君子”在中国本指有才能、品德高尚的人，但是在这个成语中则具有了讽刺意味。为什么“梁上君子”会成为小偷的代名词呢？

原来，这个典故出自《后汉书·陈寔传》：东汉时期，有一个名叫陈寔的官员，他品行端正，凡是关于百姓的官司，他判决得都很公正，对子弟也教导有方。有一天，一个小偷混进他的家，悄悄爬上房梁，准备偷东西。陈寔发现后，装作没看见，还把自己的子孙叫到身边，告诫他们说：“人不可以不上进，不善良的人不一定本性是坏的，坏习惯往往是因为不注重品性修养而形成的，梁上君子就是这样的人。”小偷听了他的话，爬下房梁，认罪道歉。最终陈寔还赠给小偷两匹绢，从此县里再没有发生过盗窃案件。

这个故事也告诉我们，对于做错事的人，要给他改正的机会，人性本善，要让宽容唤醒每个人内心的善。

现如今，“梁上君子”也常用来指代或讽刺一些脱离实际、脱离群众的人。

洛阳纸贵：为什么用“洛阳纸贵”形容作品广为流传？

“洛阳纸贵”的原意是洛阳的纸张一时之间供不应求，后用来比喻作品受到追捧，风行一时，广为流传。原句出自《晋书·左思传》：“于是豪贵之家竞相传写，洛阳为之纸贵。”

西晋时期有一个文学家左思，他所作的《三都赋》在当时的京城洛阳广为流传，大家争相传抄，使得洛阳城内纸张紧张、价格大涨。这一事件轰动全城，被传为佳话。现在，“洛阳纸贵”已经成为人们惯用的成语，用来形容作品优秀、风行一时。

目无全牛：为什么厨师的眼中看不到一整头牛？

“目无全牛”指杀牛人的眼中没有完整的牛，只有牛的胫骨结构，比喻技艺高超，游刃有余，炉火纯青，得心应手。

《庄子·养生主》中说：厨师给梁惠王宰牛，手所接触到的地方，肩膀所倚靠到的地方，脚所踩的地方，膝盖所顶的地方，都哗哗作响，刀进时豁豁有声，合乎节拍。

梁惠王感到非常惊叹：厨师的技术怎么会高超到如此境界呢？厨师放下手中的刀，说道：“我所追求的是事物的规律，已经超过一般技术的境界了。刚开始宰牛时，我眼睛里看到的全是牛身上的东西；三年以后，就再也看不到整头的牛了。现在，我凭精神与牛接触，而不是靠视觉观察。我按照牛身上的自然结构，顺着牛骨的缝隙进刀，因此我的刀根本不会接触牛身上经脉相连、胫骨相接的地方。技术好的厨师每年都要换一把刀，用刀硬生生地割断筋肉；一般的厨师每个月都要换一把刀，因为他们要用刀来砍断骨头。而我手上这把刀已经用了十几年了，宰过的牛已经有几千头了，刀刃仍然锋利得像刚用磨刀石磨过的一样。”

这个故事说明，尽管世界上的万事万物都十分复杂，但是只要反复实践，掌握了它的客观规律，就能做到迎刃而解，运用自如。

破釜沉舟：为什么用“破釜沉舟”来比喻决一死战？

“破釜沉舟”出自巨鹿之战，其中的“釜”指锅，“破釜”的意思是把饭锅打破，“沉舟”是指把渡船凿沉。可是打仗和打破饭锅有什么关系呢？

《史记·项羽本纪》中记载：“项羽乃悉引兵渡河，皆沉船，破釜甑，烧庐舍，持三日粮，以示士卒必死，无一还心。”秦始皇末年，因其残暴无度的统治，各地农民纷纷揭竿起义，其中，就有吴中（今江苏省苏州市）的项羽，他响应陈胜、吴广，召集八千子弟兵，起兵反秦。公元前207年，项羽率军到达巨鹿，他命令全军打破随军烧饭用的锅具，渡过漳河后，又命令把渡船全都凿沉，烧掉所有的行军帐篷。全军将士一看毫无退路，个个奋勇拼杀，瓦解了围困巨鹿的秦军。

可见，战争中“破釜沉舟”是为了激励战士们不留退路，要有誓死决战和非打胜仗不可的勇气，后来也经常比喻遇到困难不退缩。

破镜重圆：可以用“破镜重圆”形容兄弟姐妹或朋友吗？

“破镜重圆”的典故出自唐人孟棨的《本事诗》。南朝末代皇帝陈后主陈叔宝是一个风流天子，不理朝政，整天醉生梦死。其妹乐昌公主，才貌皆备，不恋权贵，自己做主下嫁太子舍人徐德言为妻。

当时，隋朝已建，陈国危在旦夕。徐德言与乐昌公主预感到今后要天各一方，便将一面铜镜破为两半，作为日后重见的凭证。夫妻俩约定每年正月十五在集市上以破镜作为双方传信达意的信物。

隋文帝灭了南陈后，将乐昌公主赐给重臣杨素。虽为宠姬，但乐昌公主终日郁郁寡欢。终有一年的正月十五，徐德言经过千辛万苦，颠沛流离，赶到都市大街，见到妻子的半片铜镜，并拿出自己珍藏的另一半铜镜，两镜相合。

杨素得知后，设宴召徐德言入府，决定成人之美，让他夫妻二人团聚，并赠资让他们回江南白头偕老。世人都为徐陈二人破镜重圆和杨素宽宏大度、成人之美而感慨不已。

“破镜重圆”也由此用来比喻夫妻失散或决裂后重新团聚与和好。但“破镜重圆”不适用于兄弟姐妹或者朋友、同学之间，“言归于好”“握手言和”更为妥当。

杞人忧天：杞人为什么要忧天？

“杞人忧天”用来讽刺那些为不切实际的事情而忧虑担心的人，出自《列子·天瑞》：古代杞国有一个人整天胡思乱想，担心天会塌下来，地会陷进去，害怕自己连安全的容身之处都没有。

这个故事用来告诫后人，不要整天患得患失，对于不切实际的事情，不必庸人自扰。“杞人忧天”这个成语有很深的教育意义，它警示我们要心境开阔，顺乎自然。

从这个故事中，我们也可以看出中国古代先民们对于宇宙、天地的疑惑、畏惧与思考。无论是“天圆地方”还是“天似穹庐”，都说明人们对于“天壳”存在着神秘猜测。

虽然“杞人忧天”这个成语带有贬义，但是换个角度看，杞人这种对宇宙的思考正体现了古代先民们对宇宙秘密的探索精神。

三顾茅庐："三顾茅庐"的"顾"是照顾的意思吗？

"三顾茅庐"中的"顾"是"拜访"的意思，讲的是汉末刘备三次拜访诸葛亮，请他出山辅佐自己的故事。载于《三国志·蜀志·诸葛亮传·出师表》。

三国时期，刘备有一个谋士叫徐庶。徐庶很有才华，曹操为得到他，就谎称徐庶的母亲病了，让徐庶立刻去许都。徐庶临走时告诉刘备，隆中有个奇才叫诸葛亮，如果能得到他的帮助，就可以得到天下了。第二天，刘备就和关羽、张飞带着礼物，到隆中去拜访诸葛亮。谁知诸葛亮刚好出游去了，书童也说不准他什么时候回来。刘备只好回去了。

过了几天，刘备和关羽、张飞冒着大雪第二次来到诸葛亮家拜访，可是诸葛亮被朋友邀走了。刘备非常失望，只好留下一封信，说渴望得到诸葛亮的帮助，平定天下。

转眼过了新年，刘备选了个好日子，第三次来到隆中。这次，诸葛亮在家，可是他正好在睡觉。刘备就让关羽、张飞在门外等候，自己在台阶下静静地站着等待。过了很长时间，诸葛亮才醒来。刘备向他请教平定天下的办法。诸葛亮给刘备分析了天下的形势，说："北让曹操占天时，南让孙权占地利，将军可占人和，拿下西川成大业，和曹、孙成三足鼎立之势。"刘备一听，非常佩服，再三请求他相助，诸葛亮答应了。那年诸葛亮才27岁。

现在这个成语常用来比喻真心诚意邀请有专长的贤士。

杀鸡骇猴:“杀鸡骇猴”的方法有效吗?

“杀鸡骇猴”指杀掉鸡以吓唬猴子,比喻惩罚一个以警示其余。

耍猴人为了驯服猴子，常用杀鸡来吓唬猴子，因为在耍猴人的眼中，杀掉一只鸡远比杀掉一只猴子成本低。而鸡一向善于作秀，如“鸡飞狗跳”“鸡飞蛋打”。用杀鸡的恐怖场面吓唬猴子非常有效，猴子也不想自己一命呜呼，只好俯首帖耳，不敢乱来。

中国历史上，“杀鸡骇猴”成了政治家的统治策略。相传姜太公灭商后，要网罗一批人才。当时齐国有一个贤人叫狂橘。姜太公想请他为国效力，请了三次都被拒绝了。于是，姜太公就将他杀了。周公旦想救他，但是已经来不及了，就问姜太公:“狂橘是一个贤才，为什么把他杀了呢？”姜太公说:“四海之内，莫非王土。现在天下初定，人人都应该为国效力。要么拥护要么反对，不能容许有中立思想的存在。像狂橘这样的态度，如果每个人都学他，那么还有谁是可用之才呢？所以我把他杀了，以儆效尤。”果然，从此以后，周朝人人都不敢自命清高了。

杀身成仁:“杀身成仁”这一成语出自哪里?

“杀身成仁”一词出自《论语·卫灵公》:“志士仁人,无求生以害仁,有杀身以成仁。”意思是凡是真正的志士仁人,绝没有贪生怕死而损害仁义的,只有牺牲自己的性命,来成全仁义的。

其中,“仁”是儒家道德的最高准则。“杀身成仁”就是倡导人们在生死关头宁可牺牲生命也要保全“仁”,后来泛指为正义事业而献身。这一儒家思想影响了一代又一代的中国人,激励着无数的仁人志士为了国家和民族的生死存亡而抛头颅洒热血,其中最著名的就是留下“人生自古谁无死,留取丹心照汗青”这一千古名句的南宋名臣文天祥。他在临死前曾留下绝笔:“我以孔子提倡的杀身成仁及孟子提倡的舍身取义的做法来面对死亡,认为信仰比生命更重要,所以当生命与信仰二者发生冲突时,应该毫不犹豫地为了崇高的信仰而舍弃自己的生命。”

退避三舍:“退避三舍”的“三舍”是多远?

“退避三舍”最早见于《左传·晋公子重耳之亡》。春秋时期，晋献公听信谗言，杀了太子申生，又派人捉拿申生的弟弟重耳。重耳闻讯出逃，最后流亡到了楚国。楚成王收留了他，并待他如上宾。

有一次，楚成王问重耳:“公子若反晋国，则何以报不谷?”意思是“公子(指重耳)如果回到晋国的话，该怎么报答我呢?”重耳回答说:“若以君之灵，得反晋国，晋楚治兵，遇于中原，其辟君三舍。”这里的“舍”是古代的长度计量单位，三十里为一舍，三舍相当于九十里，也就是现在的四十五千米。重耳这句话的意思是“若以您的贤明，让我回国，以后如果晋楚会师中原，发生战争，我将率兵后退九十里地”。此即为“退避三舍”这一典故的由来。

后来，重耳回国夺回王位，成了历史上有名的晋文公。公元前633年，楚国和晋国的军队在城濮交战，晋军果然“退三舍以避之”。但这次退让不仅仅是为了履行诺言，还以实现当初诺言为由提升士气，立威信于世。后来，人们便用“退避三舍”比喻主动退让，不与人相争。

一毛不拔："一毛不拔"是不是拔不出毛来？

“一毛不拔”意即连一根汗毛也不愿意拔出来。本是杨朱理学所提倡的极端自我主义，后形容为人非常吝啬自私。

这个成语最早出自《孟子·尽心上》。墨子，是墨家学派的创始人，他主张“兼爱”，反对战争。杨朱反对墨子的“兼爱”，主张“贵生”“重己”，重视个人生命的保存，反对他人对自己的侵夺，也反对自己对他人的侵夺。

有一次，墨子的学生离滑厘问杨朱道：“如果拔你身上一根汗毛，能使天下人得到好处，你干不干？”杨朱答：“天下人的问题，绝不是拔一根汗毛所能解决得了的！”离滑厘又说：“假使能的话，你愿意吗？”杨朱默不作答。

孟子就此评论杨朱和墨子说：“杨子主张的是‘为我’，即使拔他身上一根汗毛，能使天下人得利，他也是不干的；而墨子主张‘兼爱’，只要对天下人有利，即使自己磨光了头顶，走破了脚板，他也是心甘情愿的。”

一字千金：一个字为什么能值千金呢？

“一字千金”意即一个字值一千金，原指改动一个字获千金赏赐，见《史记·吕不韦列传》，后用来称赞诗文精妙，价值极高。也指书法作品的珍贵。

战国末期，大商人吕不韦做了一笔很大的政治投机生意。他不惜散尽千金，把在赵国做人质的秦国王子异人立为秦国国君。异人当了秦王之后，为报答吕不韦的恩德，封吕不韦为丞相。吕不韦见大臣们都不服气，就想找到一种办法，迅速提高个人威望，让人们服气。但什么办法好呢？吕不韦大伤脑筋，就召集门客商议。

有人说：“我们知道孔子的名声很好，那是因为他写了部叫《春秋》的书；孙武能当上吴国的大将，是因为吴王先看了他写的《孙子兵法》，我们为什么不能写部书，既能扬名当世，又能垂范后代呢？”吕不韦认为这个办法很好，命令门客立即组织人员撰写。吕不韦当时有三千门客，很快写出二十六卷，一百六十篇文章，书名题作《吕氏春秋》。

书写成后，吕不韦命人把全文抄出，贴在咸阳城门上，并发出布告：“谁能把书中的文字增加一个或减少一个，甚至改动一个，赏黄金千两。”人们畏惧吕不韦的权势，无人来自讨没趣。于是“一字千金”的故事便流传至今。

鹬蚌相争：为什么说“鹬蚌相争，渔翁得利”？

“鹬蚌相争”，是一个成语，最早出自《战国策·燕策》，是苏代去邯郸城游说赵惠王停止攻打燕国时讲的一个故事。

有一天，河蚌在河边张开蚌壳，正好鹬从河边飞过，便用长嘴咬住了蚌壳里的肉。河蚌则用力合上蚌壳，夹住了鹬的长嘴，双方互不相让，谁都不肯放开。它们筋疲力尽的时候，正好被从河边经过的老渔夫看到，渔夫就悄悄地走上去，很容易地把它们一起抓住了。

苏代用这个故事提醒赵惠王，如果燕国和赵国双方征战不下，一定对双方都没有好处，最后被强大的秦国消灭。赵惠王听从了苏代的话，便停止了对燕国的征战。

清代湘灵子在《轩亭冤·哭墓》中将这个故事概括成“鹬蚌相争，渔翁得利”，也简称为“鹬蚌相争”，比喻双方相持不下，而使第三方从中得利。

缘木求鱼：为什么有人要爬到树上找鱼呢？

“缘木求鱼”，出自《孟子·梁惠王上》，意思是爬到树上去找鱼。现在用来形容方向或办法不对，不可能达到目的。

相传战国时，孟子问齐宣王：“大王的最大愿望是什么呢？可以讲给我听听吗？”齐宣王笑而不语。孟子便说：“是为了美食？衣物？还是音乐？奴婢？这些，您手下的大臣都能够尽量给您提供，难道您还真是为了这些吗？”宣王说：“不，我不是为了这些。”孟子说：“那您的最大愿望是想要扩张国土，使秦、楚这些大国都来朝贡您，自己君临中原，安抚四方落后的民族。不过，以您现在的做法来实现您现在的愿望，就好像爬到树上去捉鱼一样。爬上树去捉鱼，虽然捉不到鱼，却也没有什么后患。但以您现在的做法费劲心力去干，一定会有灾祸在后头。”

孟子通过“缘木求鱼”的故事劝齐宣王实行仁政，造福人民，以求国强民富。

第七讲

文学艺术·来自东方的灵感缪斯

百家姓：中国真的只有一百个姓氏吗？

中国人所说的“百家姓”是一部中国姓氏总集，成书于北宋初，为钱塘儒生所作。实际上最早的《百家姓》是在元朝（14 世纪初）出版的，它是中国古代幼儿的启蒙读物。但是元朝的版本只收集了 411 个姓氏。清朝后期，《百家姓》又有所增添，共收录了 444 个单姓，60 个复姓，总共是 504 个。

显然《百家姓》中的“百”并不是只指一百，而是一个约数，寓意姓氏极多。《百家姓》是由四个字或姓氏组成的短句，读起来像四言古诗，朗朗上口。

中国是历史上最早使用姓氏的国家，古老的姓与氏演变成今天中国的“百家姓”。“百家姓”是中国独有的文化现象，也是中国文化的重要组成部分。在历史的衍化中，为人们寻找宗脉源流、建立寻根的归属感、认识传统的血亲情结，提供了重要的依据。2009 年，《百家姓》被中国世界纪录协会收录为中国最早的姓氏书。

《百家姓》中的每一种姓都包含独特丰富的文化内涵，无高、低、贵、贱之分，体现了中国人的平等思想。但《百家姓》的姓氏排序，却具有明显的封建等级意识，如《百家姓》中首姓为“赵”，并不是因为“赵”为天下第一大姓，而是当时宋朝皇帝姓赵，“赵”自然成为天下第一姓。五代十国时期吴越国的皇帝姓“钱”，所以“钱”姓便排列第二。钱的妃子姓孙，借钱氏之威势，“孙”就排在第三。“李”是南唐李后主的姓，“李”姓排在第四。这就是《百家姓》开篇“赵钱孙李”次序的由来。由此可见，《百家姓》的次序不是按姓氏人口实际排列的，而是特定时代的产物。

2021 年 5 月，中国国家统计局第七次人口普查的数据显示，目前李姓人口数量排名第一，达到约 9530 万人，占全国汉族总人口的 7.94%，王姓人口数量排名第二，张姓人口数量位列第三。

《茶经》:《茶经》为什么被称为茶叶的百科全书?

《茶经》是中国乃至全世界现存最早的全面介绍关于茶叶的相关知识和经验的一部专著，被人们誉为“茶叶百科全书”。其作者是唐代“茶圣”陆羽。

陆羽是唐代著名的茶学专家，被誉为“茶仙”、尊为“茶圣”。他一生苦心研究茶叶，钻研茶艺，写出了一部在世界茶业历史上具有跨时代意义的巨著——《茶经》，对中国和世界茶业发展做出了不可磨灭的贡献。陆羽身体力行，深入实际，在当时全国各大茶区，广泛地观察茶叶的生长规律和茶农对茶叶的加工方式，然后进一步分析了茶叶品质的优劣，并同时学习了民间烹茶的良好方法。

《茶经》系统总结了茶叶的采摘、制作、鉴定、分级及烹煮、饮用等方面的详细经验和专业知识，是中国古代先民对于采茶、制茶、饮茶等方面智慧的结晶。

《茶经》传播了茶业科学知识，促进了茶叶生产的发展，时至今日，依然有非常广泛而深远的影响。

《楚辞》:《楚辞》在中国文学史上有什么价值?

楚辞，是战国时期具有楚国地方特色的一种诗赋。西汉的刘向将相关作品编成了《楚辞》一书，主要作者有屈原、宋玉、景差等人，其中大部分作品来自于屈原，如《离骚》《九歌》《天问》等。

屈原是战国时楚国著名的文学家和政治家。他曾担任楚怀王的左徒，对内主张举贤任能，对外主张抗击秦国。后来楚顷襄王即位，屈原受到奸臣迫害，被放逐，后投入汨罗江而死。他的作品多忧愤之作，表达自己忠而被谤的悲思。《离骚》就是他的代表作，反映了他对楚国黑暗腐朽的政治状况的愤怒，对自己受到不公正遭遇的哀怨，以及他热爱国家却不能为国效力的悲痛情绪。屈原以他卓越的人格力量和悲壮的爱国情怀，感动着无数的仁人志士。他热爱祖国、鞠躬尽瘁、死而后已的爱国情操，坚持用真理反抗黑暗政治，不与恶势力同流合污的高尚气节，影响了一代又一代的中国人。

《楚辞》的语言长于渲染、形容，自由而富于变化，同时注重对抒情主人公形象的塑造、对理想的追求以及香草美人的象征性意象的创造，突出地表现了一种浪漫的精神气质，在文学史上开创了一个新的境界，后如曹植的《洛神赋》、李贺的《苏小小墓》等，都深受《楚辞》的影响。

《韩非子》:《韩非子》是一本什么书?

韩非（约公元前280—公元前233年），战国时期韩国（今河南省新郑）人，是古代著名的思想家、哲学家，法家学说集大成者、散文家。韩非是荀子的学生，但思想主张却与荀子相反，他没有承袭荀子的儒家思想，却爱好“刑名法术”之学。韩非吸收了儒、墨、道诸家的一些观点，总结了法家三位代表人物商鞅、申不害、慎到的思想，以法治思想为中心，形成了以法为中心的法、术、势相结合的政治思想体系，主张君王应该用“法”“术”“势”三者结合起来治理国家，“以法治国”。

韩非目睹战国后期的韩国积贫积弱，多次上书韩王，希望改变当时治国不务法制、养非所用、用非所养的情况，但其主张始终得不到采纳，韩非退而著述，写出了多篇脍炙人口的文章。后来，韩王派他出使秦国，秦王十分欣赏韩非的文采及主张，但因秦国要灭六国，统一天下，韩非不能为秦所用，被逼自尽。

韩非死后，人们将他的《孤愤》《说难》等文章辑集成册，取名叫《韩非子》。该书具有独特的风格，思想犀利，文字峭刻，逻辑严密，善用寓言。当时的国君与大臣读到《韩非子》，如获至宝，竞相研究，其中秦王就汲取了它的思想精华，完成了统一六国的帝业。韩非虽死，但他的思想却在秦朝得到了实施，并一直延续到汉代。

《史记》：为什么称《史记》为“史家之绝唱，无韵之离骚”？

《史记》是中国历史上最伟大的史书，又称《太史公书》《太史公记》等，由西汉时期司马迁撰写，叙述了自黄帝到汉武帝的长达三千余年的通史，创作历时十余年，是中国第一部纪传体通史。

司马迁出身官宦世家，其父司马谈也是一位学识渊博的史官。司马迁继承了父亲的遗志，在父亲收集整理的翔实史料基础上，踏遍名山大川，实地考察印证，收集大量的各地风情民俗故事和历史人物逸闻，终于撰写完成了《史记》。

《史记》分为五部分，共一百三十篇，有十二本纪、十表、八书、三十世家和七十列传，涵盖了上至帝王下至平民各个层次的人物。

《史记》的创作完成，无论是对中国文学还是史学都做出了巨大贡献。司马迁在描述汉朝大一统盛世的同时，也从另外一个视角评判了西汉的政治和君王制度，具有很强烈的批判现实主义风格，鲁迅因此称之为“史家之绝唱，无韵之离骚”。

《孙子兵法》:《孙子兵法》这本古代兵法书为何流传至今?

中国历史上第一部军事理论著作是春秋末年齐国人孙武写的《孙子兵法》，又称《吴孙子兵法》《孙武兵法》或《孙武兵书》。《孙子兵法》是世界上现存最早的兵书之一，历来被人们尊奉为“兵经”“百世谈兵之祖”“兵学圣典”，并被翻译成英、法、德、俄等多种语言，流传于世界各国，在中国乃至世界军事史上具有举足轻重的地位。其作者孙武也被后人称为“兵圣”。

《史记》记载:“孙子武者，齐人也，以兵法见吴王阖闾。阖闾曰：子之十三篇吾尽观之矣。”由此可见，《孙子兵法》大约成书于公元前 515 至前 512 年，是孙武初次见面赠送给吴王的见面礼。全书共分为始计篇、作战篇、谋攻篇、军形篇、兵势篇、虚实篇、军争篇、九变篇、行军篇、地形篇、九地篇、火攻篇、用间篇十三篇。历代军事家、指挥家无不从中汲取养料，用于指导战争理论与实践。例如，三国时期著名的政治家曹操曾为《孙子兵法》作了系统的注解，并将之应用于实践之中。1991 年的海湾战争，美国的海军军官均奉命携带《孙子兵法》，便于及时从中吸取经验，以备不时之需。

时下，《孙子兵法》依然发挥着其无可替代的实用价值，书中所阐述的谋略和哲学思想，被现代人广泛地运用于军事、政治、经济等各领域中。其中“知己知彼，百战不殆”这一至理名言，已成为中国老百姓的口头禅，足见其影响之深远。

变脸:“变脸”是一种特技吗?

“变脸”相传是古人因要面对凶猛的野兽，为了活命把自己脸部勾画出不同的形态以吓唬入侵的野兽。后来“变脸”成为一种戏曲艺术，通过不同的装扮，以表现剧中人物的情绪和心理状态的突然变化，如惊恐、绝望、愤怒等等，可推进剧情，展现剧中人物内心情绪的演化，达到“相随心变”的艺术效果。其中川剧“变脸”最为著名。

“变脸”的手法大体上分为三种:“抹脸”“吹脸”“扯脸”。此外，还有一种“运气”变脸。“抹脸”是将化妆油彩涂在脸上的某一特定部位，到时用手往脸上一抹，便可变成另外一种脸色。“吹脸”是在舞台的地面上摆一个内装粉末的小盒子，演员到时做一个伏地的动作，趁机将脸贴近盒子一吹，粉末便扑在脸上，立即变成另一种颜色的脸。“扯脸”是事前将脸谱画在一张绸子上，剪好，每张脸谱上都系一把丝线，再一张一张地贴在脸上。丝线则系在衣服的某一个顺手而又不引人注目的地方（如腰带上之类）。“扯脸”有一定的难度，动作要干净利落，不然会被观众发现。“运气”变脸是运用气功而使脸由红变白。总之，“变脸”在川剧中是一门绝活，现在已经流传到国外。

对对子："对对子"是一种游戏吗？

"对对子"又称对对联，俗称对课，是中国一种富有民族特色的艺术形式，是语言、书法、装饰艺术的完美结合。对联被誉为"诗中之诗"，是中华传统文化中的珍宝。中国最早的对联始于五代，即孟昶所作的"新年纳余庆，佳节号长春"。对联经过千年的发展和文人墨客的千锤百炼，已形成了一套完整的体系，比如字数相等，节奏一致，词性相对，结构相同，平仄合律，声调和谐，语意关联，上下贯通。对联种类繁多，只从用途讲，就有春联、喜联、寿联等。

"对对子"是指一个人出上联或下联，由另一个人对下联或上联，这种文字智力游戏既能消遣解闷，也可锻炼思维能力，对于习作古体诗很有帮助。"对对子"不仅可以开拓智慧、陶冶性情、提高素养，还有益于交际，能够联络感情、推动和谐。

剪纸：中国人为什么发明了剪纸？

“剪纸”，又叫刻纸，是中国最古老的民间艺术之一。剪纸是一种镂空艺术，在视觉上给人以透空的感觉和艺术享受。

剪纸在中国农村历史悠久、流传很广，形式多样，有各种各样的图案，如窗花、门笺、墙花、顶棚花、灯花等。这种民俗艺术的产生和流传与中国农村的节日风俗有密切关系，逢年过节抑或新婚喜庆，人们把美丽鲜艳的剪纸贴在雪白的墙上或明亮的窗上、门上、灯笼上等，节日的气氛便被渲染得非常浓郁喜庆。

民间剪纸善于把多种物象组合在一起，并产生出理想中的美好结果。同时，又善于用比兴的手法创造出多种吉祥物，把约定俗成的形象组合起来表达自己的愿望，但不管形式如何，追求吉祥都是最终目的之一。如民间传统的剪纸主题《鹿鹤同春》，鹿与“禄”同音，鹤又被视为长寿的大鸟，因此鹿与鹤在一起就有福禄长寿之意。《鹰踏兔》是民间洞房的喜花之一。鹰喻“阳”，同鸡、鸟、鸦一样。兔喻“阴”，民间称月为兔。鹰踏兔暗喻男女情爱。

在任何时代，人都会追求美满幸福的生活。人们祈求丰衣足食、人丁兴旺、健康长寿、万事如意，这种朴素的愿望，也借剪纸传达出来了。

福

《清明上河图》:《清明上河图》描绘了什么景象?

《清明上河图》是北宋末年画师张择端所绘,全长 528.7 厘米,细致地描绘了北宋的都城汴京(即今河南开封)的繁华景象,是中国古代十大传世名画之一,属于中国国宝级的文物,现藏于北京故宫博物院。

作品采用墨骨淡彩和散点透视的方法绘制,全图大致分为三段,第一段为城郊的景色,一队小毛驴途经小桥、农家、官道和汴水河等地;第二段是汴水河上贯穿南北的木质拱桥,两岸小商铺林立,商贩众多,热闹非凡,河中一艘豪华的船舶逆流而上,船工们劳作的场景被刻画得细致入微,他们紧张的神情、张开的嘴巴都被画得惟妙惟肖,仿佛能听见他们吆喝号子的声音;最后一段描绘了城区繁华的景象,高大的城楼,整齐的店铺,平坦的街道,一排骆驼穿城门而过,官绅、乞丐、说书人、轿夫等等各色人物都十分逼真。

据《拙堂文话·卷八》统计,《清明上河图》中共有人物 1643 人,动物牲畜 208 只,可谓是场面宏大,情节丰富,是举世闻名的现实主义风俗画。画家绘制的众多人物和街头繁荣景象,反映了当时宋代经济发展状况和社会各阶层百态,这对研究宋代历史是极其有力的佐证,在中国乃至世界绘画史上都是独一无二的不朽名作。

第八讲

文化遗产·器物与建筑的千年绝唱

青铜器：为什么中国的青铜器世界闻名？

青铜器是由红铜与锡合制而成的器具，是闻名世界的古代文明的象征。

青铜器曾经在很多古国中出现过，经考证，最早的青铜器大概出现在6000年前古巴比伦两河流域。中国的青铜器则以其独有的艺术特色享誉世界。

用青铜作为制造工具、日常用具或者武器的人类文明发展阶段被称为青铜时代。中国的青铜时代大约从公元前2000年开始，结束于战国时期，著名的后母戊鼎、四羊方尊都是那一时代的伟大作品。

中国古代青铜器的制作工艺精巧绝伦，并以雄伟的造型、精湛的铸造工艺、精美的纹饰，还有各种各样的铭文著称于世。

西周时，作为礼器的青铜制品在制作上也充满着中国古代的宗教神秘色彩，非常具有研究价值。后来随着社会经济的发展，青铜器向日常生活靠近，更具有实用性。后来，瓷器逐渐取代了青铜器的地位，青铜器也就日益衰落了。

兵马俑：兵马俑是一种什么样的陶俑？

兵马俑是古代墓葬雕塑的一个类别，是制成战车、战马、士兵形状的陶俑。兵马俑作为古代墓葬的一种陪葬品，因在秦始皇陵的陪葬坑中被大量发现而名扬世界。1987 年，秦始皇兵马俑被列入世界文化遗产的保护名录，先后有 200 多位国家元首参观访问，成为中国古代辉煌文明的一张金字名片。秦始皇兵马俑是世界考古史上最伟大的发现之一，被誉为“世界第八大奇迹”。

秦始皇兵马俑上都有鲜艳的彩绘，兵马俑整体风格浑厚、健壮、洗练。兵马俑的脸型、发型、体态、神韵均不同：有的双耳竖立，有的闭嘴静立，但都栩栩如生，富有感染力。正因如此，秦始皇兵马俑在中国的雕塑史上也占有重要的地位。

秦始皇兵马俑在中国乃至世界美术史上都是空前绝后的，它之所以在规模和写实程度上达到如此的高度，除了工匠的智慧之外，与历史上第一个封建皇帝秦始皇的意志也是分不开的。没有一个好大喜功、刚愎自用的封建帝王的提倡和支持，就不可能有秦兵马俑这一世界奇迹的诞生。

金缕玉衣：金缕玉衣是不是谁都能穿？

“玉衣”，史书称“玉押”或“玉匣”，是人死后贴身穿在尸体上的一种特殊的衣服。汉代在中国玉器史上是一个承前启后的重要时期，当时用于丧葬的玉制品也有了明显的发展。皇帝和高级贵族死后穿的殓服，即玉衣，是颇具特色的汉代玉制品。

死后穿玉衣入葬的习俗兴于东周，盛于两汉，衰于魏初。

古人认为玉石是山岳精英，有寒尸、防腐功能，具有神秘的通灵力量。所以，早在四千年前的中国，就出现了用玉殓葬的做法，用于丧葬的玉器在汉玉中占有重要的地位。

古代对玉的使用有严格规定，玉衣亦是如此：“金缕玉衣”只有皇帝及第一代诸侯才可以使用，而“银缕玉衣”是诸侯王用，“铜缕玉衣”是其他诸侯用，其他官员不可以随便使用。遗憾的是，用金缕玉衣作葬服不仅没有实现王侯贵族们保持尸骨不坏的心愿，还往往会招来盗墓毁尸的厄运。

中国目前所发现的最早、影响最大且最完整的玉衣，是西汉中山靖王刘胜和其妻窦绾的玉衣。

唐三彩：唐三彩到底是哪三彩？

唐三彩原指唐代陶制品的釉色，后来也指有这种釉色的陶制品，现在则专指一种盛行于唐代的陶器。这种陶器迄今已有1300多年的历史，它汲取了中国国画、雕塑、篆刻等工艺美术的特点，采用堆贴、刻画等形式装饰图案，线条粗犷有力。

唐三彩是唐代低温彩釉陶器的总称。它以细腻的白色黏土作胎料，用含铅、铝的氧化物作熔剂，用含铜、铁、钴等元素的矿物质作着色剂。这种陶器并不仅仅限于三种颜色，除了白色以外，还包含黄、绿、蓝、紫、褐或者几种颜色的相间色。“三彩”是多彩的意思，即在同一陶制品上，交错使用黄、绿、白或黄、绿、蓝、赭、黑等基本釉色，达到绚丽多彩的艺术效果。

唐三彩作为中国传统的工艺美术产品，是中国古代陶器发展史上的一颗璀璨的明珠。它以自身优美的造型、鲜艳的色彩、精湛的工艺而著称于世，在世界陶瓷史上也独树一帜，占有一席之地。

瓷器：为什么“瓷器”和“中国”的英文名都是china？

在英文里，“瓷器”和“中国”都叫作china，这也从侧面反映了瓷器与中国传统文化密不可分的关系。中国是瓷器的故乡，瓷器是中华民族对世界文明的重要贡献。

瓷器是一种由瓷石、高岭土、石英石、莫来石等组成，外表施有玻璃质釉或彩绘的物器。瓷器在窑内经过高温烧制而成形，其表面的釉色会因为温度的不同从而发生各种化学变化。高级瓷器具有远高于一般瓷器的制作工艺难度，作为中国特产奢侈品之一，瓷器被视作具有极高收藏价值的艺术品，受到大量收藏家青睐。

中国瓷器的发展在实用的前提下，经过完美的艺术表达，显现出一种和谐、高贵、华丽之美。中国瓷器艺术的魅力在造型、釉色及其装饰性能方面也表现出自身发展的连续性。大型器皿有着阳刚伟岸的雄姿，把玩之物有着精巧玲珑的姣美，绚烂瑰丽的彩瓷、翡翠美玉般的色釉瓷、著名的景德镇瓷器则既表现着国画工笔描绘的空灵与神采，也显示出了集刻、划、雕、印之法于一体的写意与装饰工艺。

当年由于中国既是世界上最早发明和使用陶瓷的国家，也是世界上最大的瓷器生产出口国家，英国人便都以“瓷器”的英文单词China来命名中国，以显示对中国和中国文化的尊敬。如今，我们在英式的下午茶中，仍然能看到中国瓷器的身影。

瓷器是中国的一项创造发明，自中世纪以来，中国瓷器逐渐发展成为集精美工艺和华丽艺术为一体的独具特色的中华文化象征物，并通过海上和陆上两条丝绸之路传播到世界各地。中国的瓷器既传播了具有神奇魅力的中华文化，又吸收了外来文化的有益成分；既促进了本国的经济发展，又影响了世界各国的制瓷业，为世界文明增添了绚烂而辉煌的色彩。

筷子：筷子为何成为中国人维系情感的一种符号？

筷子是中国人最常使用的进食工具，中国人一日三餐都会用到筷子。它也是人们身边最离不开的生活工具，已经成为中国饮食文化中不可缺少的重要组成部分。明代诗人程良规《咏竹箸》诗中写道："殷勤向竹箸，甘苦尔先尝。"筷子在中国古代被称为"箸"，中国有史记载的用筷历史已有 3000 多年。筷子的发明与中国先祖的饮食习惯和生活方式有关，是在不断的改进中才逐渐形成了我们现在所使用的筷子。

筷子的造型比较简单，制作材料亦多种多样。筷子由两根小细棒合为一体，标准长度为七寸六分长，代表人有七情六欲，以示人与动物有本质的不同。我们常见的筷子多为木质，也有竹制的，而在现代社会里，塑料筷子和金属筷子也走上了人们的餐桌。作为赠送亲友的礼物，筷子也可用象牙、犀牛角等名贵材料制作。

关于筷子的礼节有很多，正确使用筷子，是一个人有涵养讲礼貌的表现。中国父母很早就开始教孩子们如何正确使用筷子，如：不能用筷子对着人，或在用餐时拿着筷子指手画脚；不能把筷子一头插到饭菜中；赴宴时，长辈先动筷子，晚辈才能动筷用餐，等等。这些习俗长久地被中国人传承下来，被看作讲究文明礼仪的表现之一。同时，也正是因为筷子的使用方法多由父母长辈手把手相传相教，所以筷子也成了中国注重家庭和谐与家庭教育的象征性符号，象征着浓浓的亲情和爱的温情。

筷子在中国有着丰富的含义，送筷子也寄托着人们很多美好的愿望。若送新人，寓意珠联璧合、快生贵子；送恋人，则寓意成双成对、永不分离；送朋友，则寄托着平等友爱、和睦相处的美好愿望；送老人，则希望老人们快乐永久福寿无疆；送孩子，则是祝愿他们快快长大……这些美好的愿望虽只寄托在一双双小小的筷子上，却意味深长、福分绵远。

筷子既是每天与中国人相伴的饮食工具，也是中华文化的重要象征，它因自身所承载的美好文化寓意而为人们所喜爱。

文房四宝：笔墨纸砚为什么被称作“文房四宝”？

笔墨纸砚是中国传统的书写、绘画工具。唐宋以后，文房专指文人书房。中国古代文人基本上都是或能写文章，或能画画，或既能写文章又能画画，对他们来说，笔墨纸砚就如同吃饭的碗、喝水的杯一样，是日常必需品。同时，古代文人读书多为做官，而参加科举考试、给皇帝写奏章，也自然离不开笔墨纸砚。而一旦做不成官，文人往往寄情山水，托物言志，这也需要笔墨纸砚。所以，笔墨纸砚对文人来讲，是工具，是前途，也是朋友。这种息息相关的关系，使文人视笔墨纸砚为可以寄托身家性命的朋友，笔、墨、纸、砚因此具有了灵性和人性。

笔墨纸砚在中国出现的时间并不一致，所以中国人不是一开始就将笔、墨、纸、砚称为“文房四宝”的，而是经过了一段相当长的发展史。南唐后主李煜是位文人，且喜好收藏书画，其所藏书画，都盖有“建业文房之印”。北宋雍熙三年（986年），翰林学士苏易简撰写了一部《文房四谱》，专门研究笔墨纸砚，从此有了“文房四宝”之名。

在中华文明的发展史上，“文房四宝”不但奠定了中国书画艺术的独特风格，成为保存和延续中华文明的基本工具，而且其自身也成了中国文化的一部分，至今受到人们的喜爱。

毛笔：中国人为什么用毛笔写字？

毛笔是中国独具匠心的书写、绘画工具。

毛笔的发明过程是这样的：相传秦国大将蒙恬带兵与楚国交战，蒙恬要写战况报告递交给秦王。当时人们用分签蘸墨写字，速度缓慢，十分不便。有一天蒙恬发现兔毛软软的，能在地上留下弯弯曲曲的痕迹，于是萌发了改造笔的念头。他将兔毛插在竹管上，试着写起字来。吸足了墨汁的毛笔，写起字来十分流畅，字体也十分圆润。蒙恬就在笔的名字“聿”上加了个“竹”字头，把它叫作“筆”。

被称为“中国毛笔之乡”的河北衡水侯店和浙江湖州善琏，每逢农历三月初三，家家户户都会包饺子，饮酒庆祝，纪念蒙恬创制毛笔。

长城：长城在中国人心中为何如此重要？

东起山海关，西至嘉峪关，在中国北方崇山峻岭之中绵延着一个世界奇迹——长城。为抵御北方少数民族的侵扰而修建的长城，演绎了太多的故事，留下了太多的民族印记。孟姜女哭长城的故事早已深入每个中国人的心里，讴歌了中国女性对爱情的坚贞。岁月流逝没有改变长城巍峨的姿态，从古代防御要塞功能中退隐下来的长城，依旧不失其威严，因为如今，它更是中华民族精神的象征。

长城始建于春秋战国时期。据记载，秦始皇为了抵御北方民族的侵扰、巩固自己的统治，使用了近百万民夫修筑长城，占当时全国总人口的二十分之一。那时，各种机械还没有被发明出来，全部劳动都由人力完成，民夫们的工作环境又是崇山峻岭、峭壁深壑，十分艰苦。在这之后的很多朝代都对长城做过不同程度的修缮和扩建工作，现在的万里长城多指明代修建的长城。

明长城的八达岭段是长城建筑最精华的一段，集巍峨险峻、秀丽苍翠于一体。明代《长安客话》说："路从此分，四通八达，故名八达岭，是关山最高者。"可见八达岭的地理战略地位。八达岭长城是居庸关的重要前哨，城关相连、墩堡相望、重城护卫、烽火报警，防御体系十分严密，古称"居庸之险不在关，而在八达岭"。

"不到长城非好汉"，八达岭长城吸引了众多中外游人前来体验历史悠久的华夏文化，其中包括尼克松、里根、撒切尔、戈尔巴乔夫等多位外国首脑和众多的世界风云人物。

故宫：故宫是一座什么样的建筑？

故宫，又名紫禁城，位于北京市中心，是明清两朝的宫殿。它规模浩大，占地72万多平方米，共有宫殿9000多间，建筑面积达15.5万平方米，周围还环绕着10多米高的宫墙和宽52米、长3800米的护城河。

故宫建筑沿着一条南北中轴线排列，并向两旁展开，南北取直，左右对称。这条中轴线不仅贯穿在紫禁城内，而且南达永定门，北到鼓楼、钟楼，贯穿了整个城市，气魄雄伟，规划严整，极为壮观。故宫有四门，南面有午门，也就是故宫正门，北有神武门，东为东华门，西为西华门。城墙四角耸立着4座楼，造型别致，玲珑剔透。

故宫的建筑充分体现了“天子至尊”的封建宗法礼制，严格按“左祖右社”“前朝后寝”的古制布局，分为外朝与内廷两部分。外朝以皇极殿（清代称太和殿，又称金銮殿）、中极殿（清代称中和殿）、建极殿（清代称保和殿）三大殿为中心。其中太和殿是工程中等级最高、最为堂皇的建筑，皇帝登基、大婚、册封、命将、出征等盛大仪式或庆典都在这里举行。内廷以乾清宫、交泰殿、坤宁宫为中心，东西两翼为东六宫、西六宫，这就是人们常说的“三宫六院”，是皇帝平日处理日常政务及皇室居住、礼佛、读书和游玩的地方。另外还有御花园、钦安殿等建筑，形成一个布局完美的整体。

故宫是中国现存最完整的古代宫殿建筑群，在世界建筑史上都别具一格。故宫的建筑艺术不仅体现了劳动者的智慧，更是中国古典风格建筑物的典范，被誉为“世界五大宫之首”。

圆明园：清朝统治者为什么要建圆明园？

圆明园是清代著名的皇家园林之一，面积5200余亩，150余景，建筑面积达20万平方米，有“万园之园”之称。圆明园主要兴建于康熙末年和雍正朝，由康熙皇帝命名。“圆明”之意是：“圆而入神，君子之时中也；明而普照，达人之睿智也。”“圆”是指个人品德圆满无缺，超越常人；“明”是指政治业绩明光普照，完美明智。圆明园由圆明园、长春园和绮春园组成，所以也叫圆明三园。此外，还有许多小园，分布在圆明园东、西、南三面，众星拱月般环绕在圆明园周围。清朝皇帝每到盛夏就来到这里避暑、听政，处理军政事务，因此圆明园也称“夏宫”。

圆明园是一座珍宝馆，还是一座当时世界上最大的皇家博物馆、艺术馆，收藏着许多珍宝、图书和艺术杰作，包括名人字画、秘府典籍、钟鼎宝器、金银珠宝等稀世文物，集中了古代文化的精华。圆明园也是一座异木奇花之园，名贵花木多达数百万株。1860年，圆明园惨遭英法联军抢掠，并被烧毁，大火连烧三天三夜，使这座世界名园化为一片废墟，成为人类文明史上的一次大浩劫。

黄鹤楼：黄鹤楼里面有黄鹤吗？

黄鹤楼位于湖北省武汉市武昌区长江南岸蛇山峰岭之上，始建于三国时代。三国时期的黄鹤楼只是夏口城一角瞭望守戍的军事楼，晋灭东吴以后，该楼失去了军事价值，逐步演变成为官商行旅必去的观赏楼。从北宋至 20 世纪 50 年代，黄鹤楼还曾作为道教的圣地，据说是道教仙人吕洞宾传道、修行、教化的道场。

黄鹤楼为什么以“黄鹤”为名？这有两种说法。

一说是原楼建在黄鹄矶上，后人念“鹄”为“鹤”，以讹传讹,形成现在的名字。一说便是带有神异色彩的“仙人黄鹤”传说。南朝科学家祖冲之的《述异记》中讲到，此地原为辛氏开设的酒店，一道士为了感谢她，临行前在壁上画了一只鹤，每每店里客人云集,它能下来起舞助兴,从此宾客盈门,生意兴隆。过了十年，道士复来，取笛吹奏，跨上黄鹤直上云天。辛氏为纪念这位帮她致富的仙翁，便在其地起楼，取名“黄鹤楼”。

黄鹤楼是古典与现代熔铸、诗化与美意构筑的精品，被誉为天下名楼，吸引了历代众多著名文学家、诗人为之吟诗作赋，其中唐朝崔颢的《黄鹤楼》最为著名。

断桥：断桥真的断了吗?

断桥位于浙江省杭州里西湖和外西湖的分水点上，一端连着北山路，另一端接着白堤。据说，此桥早在唐朝就已经建成，宋代称保佑桥，元代称段家桥。

传说很早以前，游人到孤山去玩，都要经过一座西湖上的小木桥，但桥身日晒雨淋，桥板经常断掉，游人行走十分不便。桥旁住着一对姓段的夫妇，他们在门口摆了个酒摊。夫妇二人想把桥修好，但酒摊生意不好，有心无力。有一天，这对夫妇收留了一个老人，并热情招待了他。第二天，老人给了段氏夫妇三颗酒药，让他们放在酿酒缸里，结果酿出来的酒香醇可口。从此，他们的生意一天比一天兴隆。这对夫妇就出资在原来的小木桥处，造起了一座坚固的青石拱桥，还在桥头建了一座亭子，从此，来游西湖的人再不怕路滑桥断了。乡亲父老感念段氏夫妇造桥的善举，便把这桥称为段家桥。后来，因为“段”与“断”同音，这座桥又被称为“断桥”。

“断桥残雪”是西湖十景之一，古石桥上建有亭子，伫立桥头，放眼四望，远山近水，尽收眼底，是欣赏西湖雪景之佳地。冬日白雪皑皑，整座桥都被冰雪覆盖住，从远处眺望，桥似断非断，便有了“断桥残雪”之景。《白蛇传》中白娘子与许仙断桥相会，使断桥平添了许多浪漫色彩，而这座桥也因此更加有名了。

第九讲

文化名人·圣贤之路，伟人之旅

姜太公钓鱼：姜太公是如何钓鱼的？

姜太公在渭水钓鱼，用直钩，不在钩上挂鱼饵，也不将钩沉到水里，钩离水面还有三尺高。他一边高高举起钓竿，一边自言自语道："鱼儿呀，你们愿意的话就自己上钩吧！"周文王听说了这件事，觉得他是奇人，就去渭水边找他。一番交谈过后，周文王发现姜子牙真是有用之才，就重用了他。后来，姜子牙帮助文王和他的儿子推翻了商纣统治，建立了周朝。这就是"姜太公钓鱼，愿者上钩"的故事。

姜太公垂钓渭水之滨意不在鱼，而是旨在通过自己奇怪的钓鱼法引起人们的注意，实际是引起当权者的注意，以使自己受到重用，从而能够施展才华。这也是中国隐士文化的一个代表——以"隐"为"显"。

隐士在中国历史上始终代表着高洁的人格、不同流合污的品行，即《易经》中所谓的"不事王侯，高尚其事"。但姜子牙以隐士行为求得现世功名，也是隐士在乱世志求"兼济天下"的一种人文情怀。一如李白的"仰天大笑出门去"，所不同的，只是形式而已。

管鲍之交：为什么“管鲍之交”被千古传颂？

管仲，春秋时期齐国著名的政治家、军事家。鲍叔牙，春秋时期齐国大夫，以善于知人著称。

管仲和鲍叔牙年轻时就是很要好的朋友。两人曾合伙做买卖，管仲家里穷，拿不出钱，鲍叔牙也不在乎。如果买卖赚了钱，管仲要多分一些，鲍叔牙也心甘情愿。因为他知道管仲不是贪财，而是穷得急等钱用。

他俩还一起当过兵，打起仗来是这样的情景：冲锋时，管仲在后，鲍叔牙在前；败退时，管仲在前，鲍叔牙在后。别人在鲍叔牙面前议论管仲说：“他呀，真是个胆小鬼，你怎么能和这种人做朋友呢？”

鲍叔牙却替管仲辩护说：“不能这么说，管仲在家中是个独生子，家里还有个老母亲，需要他奉养，他可不是胆小的人。”

管仲听到鲍叔牙这么评价自己，感慨地说：“生我者父母，知我者鲍叔牙！”后来，管仲因为错保公子纠而得罪了齐桓公，鲍叔牙在齐桓公面前力保管仲，并推荐管仲当了齐国宰相。

管仲临死前，齐桓公到他的病榻前询问谁可继任宰相，并且以为他会推荐鲍叔牙。没想到管仲并没有推荐鲍叔牙，而是说：“鲍叔牙为人贤良，但过于嫉恶如仇，不是当宰相的材料。”

有小人要挑拨他们之间的关系，就将此事说给鲍叔牙听：“你看错人了，管仲没有把你推荐出去做大官，算什么生死之交啊？”鲍叔牙却说：“管仲说得对，如果让我当宰相，我首先把你们这些小人杀干净！”

就这样“管鲍之交”成为交友的典范，流传千古。这种交情的基础不是利害关系，而是不图回报的真心相助。

范蠡西施：范蠡西施有什么传奇的故事？

范蠡是春秋时期楚国人，著名的政治家、军事家和经济学家。他虽出身贫贱，但是博学多才，有着不同凡俗的远见卓识和远大的政治抱负。后因在商业上的极高成就，被世人誉为中国一代“商圣”，又被称为“陶朱公”。

西施是春秋时期越国人，中国古代四大美人之一。世人多以“沉鱼落雁，闭月羞花”形容女子的美丽，其中“沉鱼”指的就是西施。

公元前 494 年，越国攻打吴国却战败，被迫向吴国求和请降，越王勾践在范蠡的陪同下到吴国为奴。在吴国，勾践卧薪尝胆，逐渐赢得了吴王信任。三年后，吴王赦免勾践、范蠡。回国后，勾践下定决心打败吴国，报仇雪耻。他以文种治理国政，以范蠡整顿军旅。他一面奖励农桑，厚植经济基础，一面整军经武，加强雪耻复仇力量。另外还有一个计谋就是选送美女给吴王夫差，以消磨他的意志。民间美女西施被选中，而她却在训练过程中与范蠡产生了深深的情感。西施在国家多难之时，肩负起蛊惑敌国君王的政治任务，成为历史上最有名的美人计的主角。在完成灭吴兴越之业后，西施和范蠡一起隐居，帮助老百姓发展陶瓷生产。

现在一提到范蠡西施，人们就会赞扬他们为国家做出的不朽贡献，称颂他们之间伟大的爱情。

孟母三迁："孟母三迁"如何影响中国式家庭教育？

孟母是中国古代著名的历史人物，其贤母事迹名扬古今中外。《三字经》里记载"昔孟母，择邻处"，讲的就是"孟母三迁"的故事。孟子小的时候，居住的地方离墓地很近，于是他就学了些祭拜之类的事，玩起了办理丧事的游戏。孟母就说："这个地方不适合孩子居住。"于是将家搬到集市旁。好景不长，孟子又跟着集市上的屠户学起了屠宰和做买卖。孟母又想："这个地方还是不适合孩子居住。"又将家搬到学宫旁边。在这里，孟子耳濡目染，学会了鞠躬行礼和进退的礼节。孟母说："这才是适合孩子居住的地方。"就在这里定居下来了。

孟母对孩子的教育还体现在"子不学，断机杼"上。传说孟子进入学校以后非常贪玩，厌倦学习。有一天，孟子不愿读书，就逃回了家。孟母正好在织布，见他逃学回来，一句话没讲，就剪断了织布机上的布，孟子害怕了，问道："您为什么要这样？"孟母告诉他："读书求学不是一两天的事，就像我织布，必须从一根根线开始，然后一寸一寸地织成一匹布。织到一半就停的布，是不能拿来做衣服的，读书也是这个道理。如果不能持之以恒，像你这样半途而废、浅尝辄止，以后怎能成才呢？"

"孟母三迁"强调良好的人文环境对青少年成长至关重要。中国传统家庭教育要求父母通过正确的教养态度和严格的教育方法来体现对孩子的真爱。而孟母教子的故事，则是中国家庭教育的典范。

秦始皇：为什么秦始皇是中国历史上最有名的皇帝？

秦始皇是中国历史上第一个称皇帝的封建君主。秦始皇本名嬴政，是秦国庄襄王之子，13 岁继承王位，39 岁称皇帝。

周朝之后的春秋战国时期，齐、楚、燕、韩、赵、魏、秦七国鼎立，人们饱受战乱之苦。秦王嬴政经过一系列政治斗争，终于在 22 岁亲政，从此广纳人才，重用李斯、尉缭等人，统一六国，定都咸阳，自称“始皇帝”。

在完成了政治上的统一之后，秦始皇废除分封制建立郡县制，将“王有”的土地变为“国有”，农民通过上缴赋税成了土地实际拥有者；打破通过血缘关系继承官职的世袭制，中央政府的最高官僚为丞相、御史大夫和太尉，统称“三公”，他们直接对皇帝负责，由皇帝掌控最高决策权。

与此同时，他制定了许多影响深远的措施，统一文字、货币、度量衡、驰道等，这不仅方便了百姓的生活，还有助于伦理道德标准和行为规范的统一，最终，秦始皇建立起中国历史上第一个统一的多民族中央集权制国家。

为了防止匈奴的侵扰，秦始皇统一中国后又派蒙恬带 30 万将士修筑西起临洮、东至辽东的万里长城，史称秦长城。虽然长城的建立在一定程度上起到了抵御外敌的作用，但是这不仅劳民伤财，也给老百姓带来了巨大困苦和负担。

秦始皇虽为统一中国立下了不朽功绩，但是他也有很多人性弱点，比如为排除异己焚书坑儒；贪恋权力和奢靡生活，大兴土木修建阿房宫和秦皇陵，给老百姓造成沉重的赋税、徭役负担；制定并施行严苛的刑法等等。人们难以忍受他的残暴统治，最终陈胜、吴广发动起义，间接导致了秦王朝的覆灭。

悬梁刺股：为什么用“悬梁刺股”来形容人勤奋刻苦？

成语“悬梁刺股”包括两个故事。“悬梁”的故事出自东汉班固的《汉书》，讲的是汉朝有一个名叫孙敬的贤士，他怕睡觉耽误读书，就把头发悬于梁上，如果读书疲累，低头打盹，悬在梁上的头发一拉，必定痛得醒过来。就这样，孙敬最终苦读有成。

“刺股”的故事出自西汉刘向的《战国策·秦策一》，讲的是战国时苏秦在鬼谷子处学合纵连横之术，学成后到秦国游说，但不被采用。过了一段时间，他的费用耗尽，只好回家，父母大骂了他一顿，妻子也不理他。他很羞愧，于是发愤苦读，读累了想打瞌睡，就拿一把锥子在腿上戳，把睡意赶跑，继续苦读。

“悬梁刺股”的故事告诉人们读书要努力、吃苦。

投笔从戎：“投笔从戎”的主人公是谁？

“投笔从戎”的主人公是东汉的班超。《后汉书·班超传》中记载：班超从小家境贫寒，常常替官家抄书来谋生。但他是一个有远大理想和抱负的年轻人，时间一长，便心有不甘。有一次他实在忍受不了这枯燥乏味的抄写工作，于是丢下笔说：“男子汉大丈夫应该像傅介子、张骞那样建功立业，怎么能天天这样碌碌无为，浪费生命呢？”旁边的人都笑话他，他却说：“燕雀安知鸿鹄之志。”

后来，班超真的发愤图强，在西域立功，并被册封为定远侯。他凭借自己的智慧和胆识，解决了各种各样的危机，为当时边境的安全、西域与内地的经济文化交流做出了卓越的贡献。后来，人们就用“投笔从戎”作为弃文从武的典故，指文人从军。

王羲之吃墨：书法家王羲之为何吃墨？

王羲之，东晋著名书法家，被尊称为“书圣”。其书法兼善隶、草、楷、行各体，自成一家，影响深远，而他的代表作《兰亭序》被誉为“天下第一行书”。

王羲之少时勤奋好学，每天都坚持练字。据说他用坏的毛笔都堆成了一座小山，人们叫它“笔山”。他家的旁边有一个小水池，他常在里面洗毛笔和砚台，后来小水池的水都变黑了，于是人们把这个小水池叫作“墨池”。长大以后，王羲之的字写得相当好了，但他还是坚持每天练字。

有一天，他聚精会神地在书房练字，连吃饭都忘了。丫鬟送来了他最爱吃的蒜泥和馍馍，但他好像没有注意到，还是埋头写字。丫鬟只好去把这件事告诉他的夫人。夫人和丫鬟来到书房时，看见王羲之正在吃一个蘸满墨汁的馍馍，弄得满嘴乌黑。原来王羲之边吃边练字，错把墨汁当成蒜泥了。夫人心疼地说：“你要保重身体啊！你的字已经写得很好了，为什么还要这样苦练呢？”王羲之回答说：“我的字虽然写得不错，可都是学习前人的写法。我要自成一体，就非下苦功夫不可。”经过一段时间的艰苦摸索，王羲之终于创造出一种新字体，并因此被公认为中国历史上杰出的书法家之一。

“有志者事竟成”，在人生的道路上，只要我们肯刻苦努力，就一定能学有所成。

闻鸡起舞："闻鸡起舞"是指听到鸡叫就开始跳舞吗?

闻鸡起舞，顾名思义，是说听到鸡叫就起来舞剑。后用来比喻有志报国的人及时奋起，积极奋进。

据传，晋代的祖逖是个胸怀坦荡、具有远大抱负的人。他小时候不爱读书，后来醒悟过来，深感不读书难以报效国家，于是开始发奋读书，学问大有长进。接触过他的人都说，祖逖是个能辅佐帝王治理国家的人才。

后来，祖逖和幼时好友刘琨一起担任司州主簿，两人感情深厚，志趣相投，都渴望建功立业，复兴晋国，成为国之栋梁。两人相互砥砺，相约一听到鸡叫就起床练剑，冬去春来，寒来暑往，从不间断，终于成为能文能武的全才。

后来，祖逖被封为镇西将军，刘琨做了征北中郎将，兼管并、冀、幽三州的军事。他们二人都实现了报国理想。

不为五斗米折腰："不为五斗米折腰"是说一个人不会被五斗米压弯了腰吗？

"不为五斗米折腰"比喻为人清高，有骨气，不为利益所动。这个典故出自《晋书·陶潜传》："我不能因为那点微薄的官俸弯腰行礼，伺候奉承人格卑下的小人。"说这句话的是东晋后期著名的诗人、文学家陶渊明。

公元405年秋，陶渊明到彭泽当县令。这年冬天，一个粗俗傲慢的官员来到彭泽检查公务，他一到彭泽的官驿，就让县吏通告县令来见他。陶渊明平时就不肯奉承和依附有权势的人，很看不起这种人，但又不得不见，于是马上动身前往。不料县吏拦住陶渊明说："大人，参见高官要穿官服，并且束上大腰带，不然有失面子，高官会乘机大做文章，对你前途不利。"这时，陶渊明长叹一声道："我怎么可以为了县令的五斗微薄的薪俸，低声下气地去向这些小人献殷勤？"随后，他便辞去官职，交出官印，隐居田园，再也没有做过官。

陶渊明这种"不为五斗米折腰"的气节，激励着一代代人以天下苍生为重，不趋炎附势，不与世俗同流合污。

岳母刺字：岳母为什么要在儿子身上刺字？

岳母，即岳飞的母亲姚太夫人，古代四大贤母之一。她作为中国的母教典范和妇女楷模，在国家危亡之际，励子从戎，在岳飞身上刺下“精忠报国”的字样，被传为佳话，世尊“贤母”。“岳母刺字”是民间传说，最早见于清乾隆年间。

岳飞十五六岁时，北方的金人南侵，宋朝当权者腐败无能，节节败退，国家处于生死存亡的关头。岳飞投军抗金，临行前，姚太夫人把岳飞叫到面前，问其打算，岳飞斩钉截铁地说道：“到前线杀敌，精忠报国！”姚太夫人听了儿子的回答，十分满意，并把这四个字刺在儿子的背上，让他永远铭记在心。母亲的希望激励着岳飞，他投军后，很快因作战勇敢升秉义郎，后来成为宋军统帅。他多次打败金军，成为著名的抗金英雄，受到历代人民的敬仰。

但据历史学家考证，岳母是否识字，会否刺字，刺字内容到底为“精忠报国”还是“尽忠报国”等等，都无定论。但这一故事宣扬了一种爱国主义和英雄主义精神，因而在民间广泛流传。

程门立雪：为什么说“程门立雪”是一种美德？

古人常说，“一日为师，终身为父”，“三人行必有我师”。尊师重教是中国的传统美德，而“程门立雪”这个典故就集中反映了这样的美德。

这个典故出自《宋史·杨时传》。宋代著名理学家杨时从小刻苦读书，立志著书立说。有一天，杨时与学友游酢对某问题有了不同看法，为了求得一个正确答案，他俩决定一同前往老师程颐家请教。当时正值隆冬，大雪纷飞，他们克服天寒地冻、山高路远的困难，来到老师家，可程颐先生正坐在火炉旁打坐养神。杨时二人不敢打扰老师，就恭恭敬敬侍立在门外，等先生醒来。过了良久，程颐一觉醒来，才发现侍立在风雪中的杨时、游酢，只见他们全身已被大雪覆盖，俨然雪人。后来，“程门立雪”的故事就成为尊师重教的佳话。

在过去，“程门立雪”指学生恭敬受教，现在也指尊敬师长，体现了学生诚心诚意向老师求学问的精神，也反映了人们对知识的尊重、对老师的尊敬。这个故事同时也启示人们，学习要坚持不懈，诚心专志，不畏艰辛。

胸有成竹："胸有成竹"是指胸中有竹子吗？

"胸有成竹"出自宋代苏轼的《文与可画筼筜谷偃竹记》："故画竹，必先得成竹于胸中。"原指画竹子之时，要在心里有一幅竹子的形象。

相传文与可（文同）画的竹子远近闻名，每天总有不少人登门求画。文与可在自己家的房前屋后种上各种各样的竹子，无论春夏秋冬，阴晴风雨，他都锲而不舍地去竹林观察竹子的生长变化情况，琢磨竹枝的长短粗细，记录叶子的形态、颜色，有新的感受就回到书房，把心中的印象画在纸上。竹子的各种形象都深深地印在他的心中，所以每次画竹，他都显得非常从容，画出的竹子，无不逼真传神。当人们夸奖他的画时，他总是谦虚地说："我只是把心中琢磨成熟的竹子画下来罢了。"

后来人们称颂这种画画的态度，以"胸有成竹"比喻做事之前早有通盘的考虑和谋划。

第十讲

政治军事·博弈的智慧，制衡的艺术

暗度陈仓："暗度陈仓"为何能出奇制胜？

这个成语出自《史记·淮阴侯列传》，取自韩信出奇兵智取三秦的历史典故。"暗度陈仓"为"三十六计"中第八计，完整的说法是"明修栈道，暗度陈仓"，意为从正面迷惑敌人，用来掩盖自己的攻击路线，而后从侧翼进行突然袭击。

"明修栈道，暗度陈仓"是古代战争史上的著名成功战例。秦朝灭亡以后，项羽实力大增，胜过刘邦。项羽自封西楚霸王，封刘邦为汉王，刘邦心里不服气，但又没有办法。他知道，项羽封他到这样偏远落后的地方去，目的是遏制他的势力发展。他采纳了谋士萧何、张良的建议，率军到达汉中，并把进入汉中的唯一通道上的几百里栈道也放火烧掉，以示自己无回关中之意，让项羽放松警惕。

刘邦到了汉中以后，任用善于指挥作战的韩信为大将，加强训练，筹备粮草，为打回关中作准备。他又采取韩信的计策，派了几百人去修复栈道，装出还要从栈道出兵的样子。其实，栈道是在悬崖峭壁上搭架木板修成的，修建非常困难。受项羽指派驻守关中的是雍王章邯，他了解到刘邦在派人修栈道，冷笑着说："修栈道有那么容易？不知要修到哪一年才修得好！"于是他根本就没把这件事放在心上。

实际上，刘邦明里修栈道，正是为了麻痹对方。他暗中派韩信率领大军绕道进发，到达了陈仓（今陕西宝鸡市东）。章邯得知韩信攻占陈仓的消息，大吃一惊，才知道自己上了大当，急忙领兵去救。这时韩信早已占据有利地形，双方交战，章邯打了大败仗，逃回自己的都城废邱（今陕西兴平市）。刘邦也正是在这一战的基础上，才打败项羽，统一天下的。

“三十六计”中有很多计谋都不是与敌人正面交锋去硬碰硬，这便是中国传统军事最讲究的用兵谋略。暂时的后退是为了更大步的前进，战争如同博弈，能多看几步棋的往往才是赢家。

背水一战："背水一战"是兵家大忌还是制胜法宝？

"背水而战"乃兵家大忌，败多胜少。但韩信指挥的"背水一战"却成为经典战例。

《史记·淮阴侯列传》记载："信乃使万人先行，出，背水陈。赵军望见而大笑。"汉高祖三年（前204年），韩信率军攻打赵军，他利用赵军主帅的轻敌心理，让士兵沿着河岸背水摆开阵势，犯了兵家大忌。赵军嘲笑韩信不会打仗，不给自己留退路，自取灭亡。实际上韩信是让将士明白，不战胜将无后路可退，从而坚定将士拼死求胜的决心，结果打赢了赵军。

现在"背水一战"主要用来指人身处困境，而更执着于成功，即"置之死地而后生"。

草船借箭：“草船借箭”与诸葛亮有关吗？

“草船借箭”是《三国演义》中的一个著名故事，主人公是诸葛亮。

周瑜嫉妒诸葛亮，要诸葛亮在十天之内造好十万支箭，否则要按军法处置。诸葛亮便向鲁肃借了二十艘扎满草人的船，驶向曹操的营地。因为当时大雾弥漫，曹操害怕中计，便下令只放箭。曹操的箭大多射在了诸葛亮的草船上。等到天亮，草人上都射满了箭，诸葛亮命令收船回营，曹操才知道中计。

但在《三国志》中，“草船借箭”的主人公却不是诸葛亮，而是孙权，这个事件也不是在赤壁之战时发生的，而是赤壁之战后第五年的濡须之战。罗贯中之所以要移花接木，主要是为了突出诸葛亮的过人智慧。

空城计:“空城计”能获胜是侥幸吗?

“空城计”出自《三国演义》第95回，诸葛亮因马谡恃才而失掉街亭，魏将司马懿乘势引军15万攻打诸葛亮驻地西城。当时，诸葛亮所部精锐俱已遣出，西城空虚，只有驻地的老弱士兵，寡不敌众，万分危急。诸葛亮定下空城之计，城门大开，他若无其事地登上城楼观山赏景，饮酒抚琴。司马懿兵临城下，见诸葛亮端坐城楼，笑容可掬，焚香弹琴，于是怀疑有伏兵，深恐中计，不进而退。

《水浒传》中也有类似的情节。宋江征讨王庆，王庆率兵三万围宛州。当时林冲、花荣已率两万兵马出城迎敌，吕方、郭盛又拨出两万出北门迎敌，只有宣赞、郝思文二将留守，军力只有一万，其中一半还是老弱病残，宛州孤城危在旦夕。圣手书生萧让建议用“空城计”退敌。王庆大军来到城下时，只见一个秀才和三个官员正在城上吃酒为乐。突听得一阵炮响，宛州城楼上旌旗摇曳，敌军大骇。宣赞、郝思文此时又从斜侧杀出来，“斩首万余”。

这两次空城计的共同点是：敌人大军压境，守城方寡不敌众；守城方开门迎敌，自稳阵脚；敌方恐惧，守城方最终以少胜多。中国人历来就欣赏这种临危不乱的勇气和潇洒气概。但“空城计”毕竟有孤注一掷的拼命架势，是不得已而为之，若是准备充足就不必如此了。

围魏救赵："围魏救赵"体现了什么战略思想？

战国时期，魏国派军队进攻赵国。赵国的首都邯郸很快被包围了，情况十分危急，赵王就派人向齐国求救。

齐国大将田忌受齐王派遣，准备率兵前去解救邯郸。他的军师孙膑说："要想援救被攻打的一方，只需要抓住进犯者的要害，捣毁它空虚的地方。眼下魏军全力以赴攻赵，精兵锐势必已倾巢出动，国内肯定只剩下一些老弱残兵。如果我们此时抓住时机，直接进军魏国，攻打魏国都城大梁，魏军必定会回师来救，这样不就可以替赵国解围了吗？"

田忌茅塞顿开，赞赏地说："先生真是英明高见。"

孙膑又补充说："魏军从赵国撤回，往返途中必定疲惫不堪。而我军趁此时机，只需在魏军经过之处布好埋伏，就可一举打败他们。"

田忌叹服孙膑的精辟分析，立即下令按孙膑的策略行事，直奔魏国首都大梁，一边又在魏军回师途中设下埋伏。

果然，魏军得知都城被围，慌忙撤军。行至桂陵一带，齐军突然冲杀出来。魏军始料不及，几乎全军覆没。齐军大获全胜，赵国也得到了解救。

这个故事告诉我们：事物之间是互相制约的，看问题不能就事论事或只注意比较显露的因素，而要抓住问题的关键和要害，避实就虚，这样解决问题可能更为见效。

霸王别姬："霸王别姬"为什么让人感叹？

"霸王别姬"是一个历史典故，出自《史记·项羽本纪》，讲述了西楚霸王项羽心高气傲，不听良言，最终兵败，在垓下与虞姬诀别，自刎身亡的故事。

项羽年轻威武，所向披靡，自立为西楚霸王，拥有几十万人马，最后却中了刘邦的计，陷入重围。他自知凶多吉少，饮酒消愁对虞姬悲叹道："虞兮虞兮奈若何？"虞姬不愿拖累项羽，含泪劝他说："此番出兵，倘有不利，且退往江东，再图后举，望大王自己多多保重。"然后抽出项羽佩剑，自刎身死。项羽带着最后的八百子弟兵突围而出，到乌江边上后，他不肯过江东，于是拔剑自刎。

现在"霸王别姬"多用来形容英雄末路的悲壮情景，也比喻独断专行，脱离群众，最终垮台。

二桃杀三士：为什么可以用两只桃杀掉三个人？

“二桃杀三士”这一典故出自《晏子春秋》。《晏子春秋》是记载春秋时期齐国政治家、思想家晏婴言行的一部历史典籍。“二桃杀三士”主要是写晏子如何运用计谋杀掉三个居功自傲的谋逆之臣的故事。

相传春秋时期齐国的君主齐景公手下有三名勇士：田开疆、公孙接、古冶子，人称“三杰”。此三人力大无敌，勇猛过人，深得齐景公欣赏，但他们却恃功自傲，目中无人。时任相国的晏婴担心三人将来羽翼丰满，危害国家，屡谏景公除掉他们，但齐景公并没有采取任何措施。

一日，适逢邻国君主来访，两国君主和晏婴等四人在园中畅谈，“三杰”也在旁护卫，态度十分傲慢无礼。晏婴见后十分生气，决定乘机除掉这三个心腹之患。他看到园子里的桃子熟了，于是心生一计：建议大家尝尝桃子，并且亲自在园中摘了六个新鲜的桃子，每人一个，还剩两个。这时晏婴就请齐景公赏赐“三杰”两个桃子，让他们自己评价自己的功劳，按功劳的大小吃桃。

“三杰”都认为自己的功劳最大，都应该单独吃一个桃子。于是，公孙接先讲述了自己冒死打虎救主的英勇事迹，拿到一个桃子；接着古冶子又诉说了自己舍命杀鼋救君的功劳，拿到一个桃子；等到田开疆讲完自己如何南征北战，出生入死，拯救国家于危难之中后，反而没有了桃子。田开疆觉得自己的功劳最大却没吃到桃子，受到了奇耻大辱，于是拔剑自刎。公孙接和古冶子看到田开疆自杀，顿时羞愧难当，也相继自杀。这就是史上著名的“二桃杀三士”。

在《晏子春秋》中，这个典故主要是为了表现晏婴的足智多谋，告诉我们遇到问题时，要运用智谋，兵不血刃地来解决。现在这个典故多用来比喻借刀杀人。另外，二桃杀三士也是一个围棋术语，难度等级为中高级。

负荆请罪：道歉时为什么常用“负荆请罪”这个词？

中国人平常在郑重且诚恳地向对方道歉的时候，往往会用“负荆请罪”这个词。其中“负荆”指的是背负着荆棘的枝条。我们现在道歉一般是请对方吃饭，或是给对方鞠躬，并不会真的背着荆棘的枝条去见对方。那么，为什么还要用到这个词呢？原来，这里是有典故的。

“负荆请罪”出自汉代史学大家司马迁的《史记·廉颇蔺相如列传》。据说在战国时期的赵国，渑池会议后文臣蔺相如功劳颇大，所以被赵王封为上卿，这个官位在当时要比大将军廉颇的官位高。此事激怒了廉颇，他认为自己是赵国的大将军，是用自己的刀和血来建立功业的，而蔺相如只不过靠能说会道立了点小功，地位却在自己之上。如此一想，廉颇感到更加恼怒，并扬言遇见蔺相如就要当面羞辱他。蔺相如是个心胸宽广的人，他听到廉颇这番话之后，常常推说自己有病，不去和廉颇相争。

对此，蔺相如的门客十分不理解，蔺相如便向他们解释说，强大的秦国之所以不敢攻打赵国，是因为有廉颇和自己在，如今两虎相斗，势必不能共存。他之所以这样忍让，就是为了把国家的急难摆在前面，把个人的私怨放在后面。蔺相如的这番苦口婆心的话传到了廉颇的耳朵里。廉颇也是识大体的人，他后悔自己为了官位虚荣，就把国家的利益置之一边。于是，他脱下战袍，背上荆棘的枝条，来到蔺相如家里主动请罪，让他用荆条抽打自己。蔺相如见廉颇诚恳地来“负荆请罪”，十分宽容地原谅了他。

自此以后，这对文臣武将成了好朋友，一齐共商国是。

之后，“负荆请罪”的故事被传为佳话，蔺相如的宽容忍让、以国家利益为重，廉颇的知错就改历来被人们所称道。如今，人们在向他人道歉时常用“负荆请罪”一词，一方面，说明自己已经知道了错误，并且认错的行为发自内心，十分诚恳；另一方面，也是希望对方能像当初的蔺相如那样心胸宽广，原谅自己。

田忌赛马：田忌是如何赛马的？

田忌是战国初期齐国的一位名将，平日里非常喜欢与王公贵族赛马，并设重金作为赌注。有一次，他跟齐威王赛马，而他的手下孙膑发现，比赛双方的马都差不多，都可分为上中下三等。于是，孙膑就告诉田忌说："你只管下大的赌注，我有办法一定能让你获胜。"田忌相信他并照办。比赛开始，孙膑让田忌先用下等马对付齐威王的上等马，再用上等马对付齐威王的中等马，最后用中等马对付齐威王的下等马。三场比赛之后，田忌三局两胜，最后赢得了比赛和千金赌注。

"田忌赛马"的典故出自《史记·孙子吴起列传》，这是中国历史上最著名的"以己之长攻敌之短"，最终战胜对手的典型事例。

这则故事告诉我们：人在面对选择时，往往会得陇望蜀，此时一定要明白有得必有失，有失必有得，要学会取舍，学会放弃小我，成就大我；人生就像一场比赛，在这个漫长的竞赛过程中，我们要懂得"寸有所长，尺有所短"的道理，既要学有所长，有过人之处，更要懂得利用自己的优势，发挥自己的特长。

完璧归赵："完璧归赵"为什么是一件大功劳？

公元前 281 年，楚国的宝玉和氏璧为赵惠文王所得，秦昭襄王得知此事后，让人送信给赵王，表示愿意用 15 座城池交换和氏璧。赵王知道，即使将和氏璧给秦国也不可能换来城池，但不给的话又会惹怒秦王，因此他非常为难。蔺相如主动请命，携和氏璧到秦国。秦王在王宫里接见了他。蔺相如把和氏璧献给秦王，秦王爱不释手，却根本不提 15 座城池的事。蔺相如知道秦王根本没有诚意，就对秦王说："这块和氏璧有一点小毛病，让我指给大王看。"秦王一听，叫人将和氏璧交给蔺相如。

蔺相如一接过和氏璧，就马上往后退了几步，身子靠在柱子上，举着和氏璧对秦王说："当初大王说情愿拿 15 座城换和氏璧，现在却不提此事了，看来大王确实没有用城换璧的真心。如果大王硬逼我，我情愿把自己的脑袋跟玉一块儿碰碎在这根柱子上！"说着，蔺相如举起和氏璧，对着柱子，就要摔过去。

秦王想叫武士去抢，又怕蔺相如真把玉摔碎，就假惺惺地向蔺相如赔不是，并叫人把地图拿来，装模作样地指着地图说："从这儿到那儿，一共 15 座城，都划给赵国。"蔺相如担心秦王又耍鬼把戏，就跟秦王说："这块和氏璧天下少有。大王要接受它，需斋戒五天，并在朝廷上举行受玉仪式，我才能把玉献上。"秦王没办法，只好说："好！就这么办吧！"

蔺相如回到住处，立刻叫一个随从乔装打扮，偷偷把和氏璧送回赵国，"完璧归赵"。

待秦王发觉，为时已晚。他虽然大怒，但终究不敢加兵于赵，只好放蔺相如回国。

直到今天，人们谈起这段故事来，还是对蔺相如的英勇行为赞赏不已；而秦王言而无信，最终“竹篮打水一场空”，这也告诫人们做事要讲诚信。

卧薪尝胆：为什么勾践要“卧薪尝胆”？

“卧薪尝胆”原指越国国王勾践励精图治以图复国的事迹。故事发生在春秋末期吴越争霸之时。公元前 496 年，吴王阖闾攻打越国，战败受伤而死。他的儿子夫差即位，发誓要给父亲报仇。

公元前 494 年，夫差率领吴国军队在夫椒（今江苏吴县）大败越国，越王勾践被抓到吴国后，忍受奇耻大辱。

三年后，勾践被释放回国，从此立志洗雪国耻。为了坚定报仇的决心，不忘昔日的苦难，他每天晚上都睡在柴草堆上，还在房子里挂上一只苦胆。每天早起后、睡觉吃饭前，他都要尝尝苦胆的滋味，以使自己永远不忘复仇大业。

勾践卧薪尝胆，奋发图强，整顿内政，努力生产。功夫不负有心人，他的做法终于使越国兵精粮足，国富民强。公元前 473 年，越王勾践率大军再次攻打吴国，打得吴国军队节节败退，夫差自杀。吴国被越国灭掉后，勾践会盟诸侯于徐州（今山东滕县），做了春秋时期最后一个霸主。

“卧薪尝胆”是中华民族坚忍不拔、自强不息精神的缩影和象征，是一种陷逆境而不靡、处困苦而不屈的高贵品质。

门庭若市:“门庭若市”是说一个人的家里像集市一样吗?

“门庭若市”指门口像市场一样，形容人特别多，非常热闹。出自《战国策·齐策一》:“群臣进谏，门庭若市。”

战国时期，齐国大臣邹忌为了劝说齐威王广开言路，鼓励大臣们进谏，就给齐威王讲了一个故事。

一天早上，邹忌穿戴整齐，对着镜子看着自己，问妻子:“我和城北的徐公相比，谁长得更英俊?”妻子回答说:“你英俊极了，徐公怎么能跟你相比呢?”徐公是齐国非常出名的美男子，邹忌听了以后并不相信。然后他又问爱妾，爱妾回答他:“徐公怎么能跟你相比呢?”

第二天，邹忌家来了一个客人。邹忌又问客人这个问题，客人回答说:“徐公怎么能跟你相比呢?”过了几天徐公来到邹忌家拜访，邹忌乘机打量了一下徐公，发现自己并不比徐公长得英俊。于是，他对齐威王说:“我原本比不上城北徐公漂亮，但是我的妻子、爱妾和客人都说我比他漂亮。这是因为妻子偏袒我，爱妾畏惧我，客人有求于我，所以他们都恭维我，不敢说真话。齐国幅员辽阔，人口众多，文武百官个个都畏惧您的威望，恭维您的人一定非常多，因此您一定被蒙蔽得很严重了。大王不如开诚布公地征求大家的意见，这样对国家一定有好处。”

齐威王听了邹忌的话觉得很有道理，立刻下令说:“无论是谁，能够当面指出我的过失的，可以得到上等奖励；上奏章规劝我的，可以获得中等奖励；在朝廷或者街口议论我，并传到我的耳朵里的，可以获得下等奖励。”渐渐地，前去进谏的大臣络绎不绝，出现了“门庭若市”的场面。

第十一讲

哲学思想·那些改变历史的叩问与思考

百家争鸣:“百家争鸣”是一种什么样的思想状态?

春秋战国时期，社会急剧变化，各种矛盾激化，为了解决社会矛盾，各种思想流派便应运而生，如儒家、墨家、道家、法家、兵家等。一批学术大师涌现出来，他们著书立说，见仁见智，表现出思想的解放和学术的创新。在各流派大师的不懈努力下，中国古代思想学术界出现了一派繁荣景象，这一现象被称为“百家争鸣”，其中有五个具有代表性的流派。

儒家是战国时期的重要学派之一，其创始人是孔子。儒家重视道德伦理教育和人的自身修养，在政治上主张以礼治国，以德服人；在教育上主张因材施教，认为人人都有受教育的权利。孟子、荀子后来进一步发展完善了儒家思想，使儒学体系更加完整，成为诸子百家中的蔚然大宗。

墨子创设的墨家以“兼爱非攻”为思想基础，在政治上主张尊重有才德的人；在经济上主张加强农业生产，节约财政支出。墨家思想代表平民百姓的愿望。在百家争鸣中，儒墨两派最有实力，当时有“非儒即墨”之说。

道家也是一个重要流派，其代表人物是老子和庄子。道家主张取法自然，提倡清静无为，指出任何事物都有矛盾对立的两个方面，矛盾双方可以互相转化。

法家则主张以法治国，在经济上主张重视农业，限制工商业的发展；在政治上主张设立郡县，用严刑峻法进行统治；在思想和教育方面，主张学习法律，加强法制教育。其主要代表人物有韩非、李斯、商鞅。

兵家的鼻祖是春秋晚期的军事家孙武，他的《孙子兵法》是世界上最早的兵书，“知己知彼，百战不殆”等军事战略思想已影响了全世界。

春秋战国是中国历史上思想和文化最辉煌灿烂的时代，与同时期的古希腊文明交相辉映。“百家争鸣”是中国历史上第一次大规模的思想解放运动，有力地促进了中国思想文化的发展。

儒学：儒学的核心思想是什么？

儒学起源于春秋时期，从儒学创始人孔子算起，迄今已经有2500余年的历史。自汉武帝时期起，讲究“仁义礼智信”的儒学成为中国社会的正统思想，至今仍是中国文化的主流思想基础之一。可是人们为何要称之为“儒”学，而不是其他的什么“学”呢？

《说文解字》中对“儒”的解释为：“儒，柔也，术士之称。”在中国古代社会，人们非常重视死的观念与丧葬礼仪，因此逐渐出现了一批专门办理丧葬事务的神职人员或者术士，他们形成了一个特殊的社会阶层“儒”。“儒”字本为古代对学者的尊称，字义集“雅”“优”及“和”于一身。从“人”从“需”指他们的思想学问能够安定他人，说服他人，为人所需。自此，儒家成为以六经为圣经，遵循尧舜之道，以周礼为典范，以孔子为宗师，教化民众的流派。

安贫乐道:“安贫乐道”是中国人的普遍价值追求吗?

“安贫乐道”是古代儒家所提倡的立身处世的态度，它原指儒家所信奉的道德，后引申为人生的理想、信念、准则，即人为了实现自己的信仰或理想，宁愿处于贫困恶劣的环境。这成为中国知识分子的普遍价值追求。

孔子所倡导的“安贫”，更多的是一种自我约束的修行。孔子有弟子三千，其中最出名的有七十二人，而颜回又是这七十二人中孔子最欣赏的门生之一。在孔子看来，颜回的一举一动都合乎他的心意，所以孔子常常以颜回的事例来教育其他学生。

有一次，孔子对学生们说:“贤德啊，颜回吃的是一小箪饭，喝的是一瓢水，住在穷陋的小房中，别人都受不了这种贫苦，颜回却仍然不改变向道的乐趣。贤德啊，颜回！”孔子十分赞赏颜回的这种品德，这就是“安于贫而乐于道”。“道”就是中国士人所坚守的信念和准则，是“贫贱不能移，威武不能屈”，是“咬定青山不放松”“任尔东西南北风”的精神。

但凡胸怀大志者，都要经过苦读苦学的漫长阶段，若不是生于富贵之家，就要忍受很长时间的贫穷。而士阶层撰文或进行学术研究，既无稿酬，也无科研经费，并且若不为官，便无俸禄，即使是取得很大的成就，也未必就能靠此致富。“安贫”，是他们所必须具备的品德，也是实现理想所必须付出的代价。

“初唐四杰”之一的王勃曾在《滕王阁序》中抒发胸中抱负:“所赖君子安贫，达人知命。”王勃的“安贫”偏重于乐天知命，无拘无束，不为外物所累，但他们的去向所在则是“乐道”，是坚守自己的信念并不断努力。

大同：大同世界为什么让人向往？

“大同”思想出自《礼记·礼运》，指人类最终可达到的理想世界，代表着人类对未来社会的美好憧憬：人人友爱互助，家家安居乐业，没有战争，世界和平。这种世界又被称为“大同世界”。

孔子认为：“外户而不闭，是谓大同。”指人的道德素质高，出门不用关窗户，家家都相同，也叫“大同”。“大同”源自公平和正义，需要法律，但更需要道德的约束，人人内心向善，世界即可趋于“大同”。

“大同”思想的特点是：天下为公（全民公有）的社会制度；选贤与能的管理体制；讲信修睦的人际关系；人得其所的社会保障；人人为公的社会道德；各尽其力的劳动态度。中国奉行“己所不欲，勿施于人”的原则，与世界真诚交往。

“大同”思想与西方的乌托邦思想相似，都代表了人类理想中最美好的社会。在那里，财产公有，人人平等，按需分配，如同世外桃源一般。

当代还出现了一种新的“大同”思想，这种新“大同”思想包含两层含义；一是“同等的人生起点，同等的公民待遇，同等的民主和自由权利”；二是“同龄者同兄妹，年长者同父母，年幼者同儿女”。与古代“大同”思想不同的是，新“大同”思想提出了更为具体的要求，提出“人人为社会，社会育人人”的思路。

和而不同：为什么“和”却又“不同”呢？

“和”是和睦的意思，“和而不同”是指和睦地相处，但不随便附和别人的意见。《论语·子路》中讲道：“君子和而不同。”这是指君子在人际交往中能够与他人保持一种和谐友善的关系，但在对具体问题的看法上却不必苟同于对方。

在日常生活中，人们对某一问题持有不同的看法，是极为正常的。真正的朋友应该通过交换意见、沟通思想而求得共识；真正的君子之交并不寻求时刻保持一致，并不十分注重人际往来中的利益纠葛，但在大是大非面前却要勇于坚持立场；真正的君子不过分计较人际往来中的是非恩怨，却能在正视不同意见的基础上求同存异。这便是“和而不同”的境界所在。

“和而不同”的观念可以说是典型的中国哲学智慧。在中国古代，“和而不同”也是处理不同学术思想派别、不同文化之间关系的重要原则，是学术、文化发展的动力、途径和基本规律。正因如此，中国古代在春秋战国时期就形成了百家争鸣的局面，中国在历史长河中对待各种外来文化也总是承认、包容、尊重差异，求同存异，以达共存共荣。

道家：道家思想的核心价值是什么？

道家是中国先秦时期的一个思想派别，代表人物有老子、庄子等。道家以“道”为核心，主张道法自然，追求天人合一的境界，并发展出以柔克刚、刚柔并济等政治、军事策略，为中国乃至世界留下了丰厚的文化遗产。

老子提出“道”是宇宙本源，也是统治宇宙中一切运动的法则。道家认为，天地万物虽然形态各异，但其本源是相同的，所谓“天地与我并生，万物与我为一”。“无为”被道家认为是“道”的重要特征之一，不是指不作为，而是指不主动地有所作为。“无为”的态度既可用于政治，也可以用于修身。

道家各派在坚持“无为”思想的前提下，赋予了“无为”更丰富的内涵。

道家重视人性的自由与解放，这其中既包括人的知识能力的解放，更强调人的精神世界的解放。道家理论的集大成者是老子，其所著的《道德经》提出了道家思想的核心观念和理论体系。庄子是老子道家理论的完成者和发扬光大者。庄子更重视人与自然的关系，强调心灵不被外物所羁绊的自由自在和无拘无束。

道家对中国传统文化产生了深远的影响，并与儒家思想一起完善了中国的法律制度、传统军事思想、传统科学技术、文学艺术、中医养生学等。道家思想如今在世界上的影响越来越大，因为其所崇尚的自然无为、去伪存真、知足不争等理念，对倍感现代文明社会压力的人们产生了越来越大的吸引力。

太极：太极与太极拳有什么关系？

太极，是中国文化史上的一个重要概念，是中国古代哲学用以说明世界本原的范畴。“太极”最早出自《周易·系辞上》：宇宙之初为混沌之气，太极运动分化出阴阳，阴阳又产生了四季，继而出现各种自然现象。太，即大；极，即极点。物极则变，所以太极是变化之源，是宇宙万物之源。

太极这一概念，在中国历史上产生了重要影响。经过中国道教的丰富与发展，这个概念演化成了以太极为核心的道家思想。宋代的理学家认为太极即是“理”，又将之引入宋明理学，使之内涵进一步丰富。

而太极拳和太极剑则是太极的派生物，是两种融合了中国文化精髓，动作柔和缓慢，用于修身养性、强身健体的运动。另外，因为打太极拳时，人需要将手时而左推，时而右推，时而前推，时而后推，所以现在人们往往用“打太极”来比喻在需要解决问题、承担责任时，大家相互推诿。

五行：什么是“五行”？

“五行”指“金、木、水、火、土”五种物质，古代中国人把自然界的物质分别列入这五大范畴，并以此说明世界万物的起源。

“五行”相生相克，如木可生火（木生火），火后有灰烬（火生土），矿石原料来自地下（土生金），金属遇冷则有水露（金生水），水能滋长植物（水生木）以及水灭火，火冶金，金伐木，筑土御水等。

“五行”之间的相互关系决定了事物或现象的产生和发展，以及事物或者现象之间的差异。这反映了中国古代哲学的一种系统观。五行理论强调整体，旨在描述事物的运动形式以及转化关系。

庄周梦蝶:“庄周梦蝶”悟出了什么?

庄周梦蝶，典出《庄子·齐物论》，说庄子梦到自己变成了一只蝴蝶，翩跹飞舞，自由自在，醒来后发现自己仍然是庄周，他疑惑：究竟是自己在梦中变为了蝴蝶，还是蝴蝶在梦中变为了庄子?

这实际上是庄子提出的一个哲学命题，即人不可能确切区分真实、虚幻和生死物化。故事虽短小，却渗透了庄子诗化哲学的精义，成为了庄子诗化哲学的代表。这个典故因为包含了浪漫的情感和丰富的人生哲学思考，引发后世众多文人骚客的共鸣，如李商隐的“庄生晓梦迷蝴蝶，望帝春心托杜鹃”。

气节：为什么中国人重视气节？

气节是中国古代对于君子、文人志士的道德水平、思想情操、处世之道的衡量标准。它一般表现为面对敌人、生死而表现出的不屈服、不妥协的品质，是中华民族最为高尚的品质之一。“朝闻道，夕死可矣”“鞠躬尽瘁，死而后已”，这些都是说君子要有气节。

中华民族自古以来就崇尚气节，司马迁的“人固有一死，或轻于鸿毛，或重于泰山”，文天祥的“人生自古谁无死，留取丹心照汗青”，中国历史上这些富有高尚气节和优良品质情操的英雄比比皆是，是后世文人志士的楷模。

“气节观”是中国士大夫的人生理想和价值取向，也可以说是中华民族之魂最为重要的组成部分。

—第十二讲—

文化交流·从沙漠驼铃到新丝路交响乐

丝绸之路：为什么把古代中国连接欧亚非的商路称为丝绸之路？

丝绸之路是指起始于古代中国，连接亚洲、非洲和欧洲的古代商业贸易路线，从运输方式上分为陆上丝绸之路和海上丝绸之路。

陆上丝绸之路是连接中国腹地与欧洲诸地的陆上商业贸易通道，形成于公元前 2 世纪与公元 1 世纪间，直至 16 世纪仍在使用，是一条东方与西方之间经济、政治、文化交流的主要道路。自从张骞通西域以后，中国和中亚及欧洲的商业往来迅速增加，中国的丝、绸、绫、缎、绢等丝制品，源源不断地运向中亚和欧洲，陆上丝绸之路的基本干道初步成形。它以西汉时期的长安（今陕西省西安市）为起点，经河西走廊到敦煌，再到中亚、西亚，并连接地中海各国。

海上丝绸之路是古代中国与外国交通贸易和文化交往的海上通道，该路主要以南海为中心，所以又称南海丝绸之路。海上丝绸之路形成于秦汉时期，发展于三国至隋朝时期，繁荣于唐宋时期，转变于明清时期，是已知的最为古老的海上航线。它以中国沿海港口（如泉州、广州）为起点，经过东南亚和南亚到达阿拉伯和东非沿海诸国，甚至可以通往意大利等欧洲国家。

丝绸之路不仅是古代亚欧互通有无的商贸大道，还是促进亚欧各国和中国的友好往来、沟通东西方文化的友谊之路。历史上的一些著名人物，比如出使西域的张骞、投笔从戎的班超和西天取经的玄奘，他们的很多故事都与这条路有关。

2014 年 6 月 22 日，在卡塔尔多哈举行的第 38 届世界遗产大会上，中、哈、吉三国联合申报的“丝绸之路：长安—天山廊道的路网”成功申报世界文化遗产，成为首例跨国合作、成功申遗的项目，被列入《世界遗产名录》。

四大发明：为什么说中国古代的四大发明影响了世界？

四大发明是指对世界产生了很大影响的四种中国古代发明，即造纸术、指南针、火药、活字印刷术。

东汉元兴元年（105年），蔡伦在总结前人制造丝织品经验的基础上，用树皮、破渔网、破布、麻头等作为原料，制造了适合书写的植物纤维纸，改进了造纸术，才使纸成为人们普遍使用的书写材料。世界上最早的纸是埃及的莎草纸，而欧洲中世纪则普遍使用羊皮纸，这两种纸因为原料单一，改进余地有限，逐渐被使用多种材料的中国纸所取代。造纸术在7世纪经朝鲜传到日本，8世纪中叶传到阿拉伯地区。而直到12世纪，欧洲才仿效中国的方法开始设厂造纸。

火药是一种黑色或棕色的炸药，由硝酸钾、木炭和硫磺混合而成，最初均制成粉末状，后来一般制成大小不同的颗粒状，有很多不同的用途。在采用无烟火药以前，这种火药一直是唯一的军用发射药。欧洲人约在13世纪才懂得黑火药的作用，经过数个世纪的发展与改良，黑火药兵器逐步取代了冷兵器，并应用在陆地战争战术、攻城筑城技术以及海军战列舰的发展和战术等方面，产生了革命性的影响。

印刷术是按照图画原稿批量复制成印刷品的技术。中国是世界上最早发明印刷术的国家，早期是把图文刻在木板上用水墨印刷的。宋朝的沈括是第一个描述活字印刷过程的学者，他在著作《梦溪笔谈》中，将此发明归于不知名的宋代工匠毕昇。毕昇首创的活字印刷逐步传播到全世界，对各国文明的传承做出了巨大贡献。

早在战国时代，中国就已经根据磁石指示南北的特性制成了“司南”，这是世界上最早的指南仪器。北宋时期，人们发明了用人工磁化铁针的方法，制成指南针，并开始应用于航海。南宋时，指南针普遍应用于航海，同时传到阿拉伯。13 世纪初指南针传入欧洲。指南针在航海上的应用，对后来的哥伦布发现美洲新大陆和麦哲伦的环球航行都起到了关键作用。

中国的四大发明在欧洲近代文明产生之前陆续传入西方，对西方科技发展产生了一定影响。印刷术的出现改变了只有僧侣才能读书和受高等教育的状况，便利了文化的传播。火药和火器的应用摧毁了欧洲中世纪天主教的思想枷锁。指南针传到欧洲航海家之手，使他们有可能发现美洲、实现环球航行，为西方奠定了世界贸易和工场手工业发展的基础。

四大发明，在人类科学文化史上留下了灿烂的一页，造福了全世界，并推动了人类历史的前进。

唐人街：唐人街是怎样出现的？

唐人街，也称华埠或中国城（Chinatown），是华人在其他国家城市地区集中居住的地方。至于“唐人街”一词的来历，一说是因为 town 的音译为唐，一说是因为唐朝是中国古代历史上最为强盛的时代，在国际上影响很大，所以旅居海外的华人、华侨喜欢称自己为“唐人”，他们穿的中式服装被称为唐装，他们集中居住的地方便被称为唐人街。

唐人街最初也叫“大唐街”，见于清代纳兰性德《渌水亭杂识》：“日本，唐时始有人往彼，而居留者谓之‘大唐街’，今且长十里矣。”后来随着移居海外的华人日益增多，东南亚、美洲和欧洲等地陆续都出现了唐人街，如美国的旧金山、加拿大的温哥华、法国的巴黎、马来西亚的吉隆坡和新加坡等。

早期华人移居海外，语言不通，风俗不同，为了尽快适应新的环境，他们便自觉集中地居住在一个地方，平时大家可以互相照应。在他们居住的地区逐渐形成了华人的生活区和服务区，一系列带有中国特色风俗文化的产业应运而生，中式餐馆、刺绣、古玩、中文学校、中式服装、俱乐部、影剧院、同乡会比比皆是。每逢中国传统节日，踩高跷、耍灯笼、舞狮子、放鞭炮、吃月饼等中国传统习俗随处可见。这些富有民族特色的街道吸引了越来越多当地人的光顾，于是就有了当今各地唐人街的繁华。

遣唐使：为什么日本要向唐朝派遣“遣唐使”？

日本奈良、平安时代，为了学习中国文化，日本向中国唐朝派出使者，即为“遣唐使”。遣唐使一般由留学生或者僧侣组成，他们来到中国，不仅学习中国文化，还学习典章制度、文学、技艺、佛学、医学等。当时的日本尚处于奴隶制瓦解、封建制萌芽阶段，遣唐使深受唐朝文化的影响，在很多方面都学有建树，对推动日本社会的改革起到了积极作用。著名的遣唐使有高向玄理，他曾经协助孝德天皇完成“大化革新”；僧人空海仿照中国草书制定平假名；吉备真备取汉字偏旁制定片假名；等等。最著名的遣唐使当属阿倍仲麻吕，他聪颖好学，擅长诗文写作，还中过进士。唐玄宗十分欣赏他，曾授予他左补阙、秘书监兼卫尉卿等要职，李白、王维等著名诗人都是他的好友。

为什么日本源源不断地派遣唐使来大唐学习中国文化呢？公元618年，唐朝李氏灭隋而一统天下，大唐帝国的经济、文化都空前繁荣，成为当时东亚最强大的帝国。而此时的日本刚刚结束长期的分裂，大和朝廷希望能维持长久统治，从南朝起就已经遣使朝贡。日本圣德太子摄政时，为了吸取中国先进文化，先后4次派遣遣隋使。到了唐朝，日本政府更重视向中国学习，先后派遣了13批遣唐使。遣唐使的规模，由最开始的一二百人发展到后来的五六百人，使团成员中有大使、副使、文书、医生、翻译、画师等。“安史之乱”后的唐朝逐渐式微，日本便停止了遣唐使的派遣。

遣唐使加强了中日文化的交流，他们除了借鉴唐朝的典章制度、学习唐朝文化以外，还将中国经典《史记》《汉书》、唐人诗集等带回日本，这些来自中国的典籍深受日本百姓的喜爱。现在还有一句非常流行的话："看唐朝文化去日本，看宋朝文化去韩国……"说明现在的日本较好地保存了唐朝遗风。

西天取经：玄奘为什么要去西天取经？

“西天取经”的故事出自中国四大名著之一《西游记》。此书描写的是孙悟空、猪八戒、沙和尚保护唐僧西天取经，历经九九八十一难最终取回真经的传奇历险故事。现在“西天取经”多比喻向别人学习先进经验。

西天指的是印度，因为古代交通不发达，人们以为印度已经是天的西边了。大约距今 1300 多年前，即唐太宗贞观三年（629 年），年仅 29 岁的青年和尚玄奘离开京城长安，到天竺（印度）游学。他从长安出发后，途经中亚、阿富汗、巴基斯坦等国，历经艰险到达了印度。他在印度学习了两年多，并在一次大型佛教经学辩论会任主讲，受到了赞誉。贞观二十年（646 年），47 岁的玄奘回到了长安，带回经书 657 部，为中国佛教的发展做出了贡献。

《马可·波罗游记》：为什么说《马可·波罗游记》向西方世界打开了一扇认识中国的大门？

《马可·波罗游记》被誉为“世界第一大奇书”。它是由 13 世纪意大利旅行家马可·波罗在狱中口述，由狱友写成的一部传奇游记。这部著作以生动热情的语言，记述了当时中国元代的富有、规模宏大的城市、四通八达的交通线路以及华丽宏伟的宫殿建筑。这些记述对世界地理史、亚洲历史以及中西方交流史等产生了非常重要的影响，也吸引了全世界关注中国。

《马可·波罗游记》向中世纪欧洲展示了一个古老神秘、伟大强盛的东方帝国，加深了欧洲人对东方世界，特别是对中国的认识。在 14、15 世纪，欧洲许多地理学家就是根据《马可·波罗游记》所提供的地理知识，绘制出了较早的世界地图。《马可·波罗游记》还影响了意大利著名航海家哥伦布。哥伦布正是根据该书的记载，努力寻找通往中国的新航道，却意外发现了美洲大陆。从某种意义上说，世界地理大发现与《马可·波罗游记》对东方世界的详细描述是分不开的。

郑和下西洋：郑和为什么要七次下西洋？

明永乐三年（1405年），明成祖命太监郑和率领240多艘海船、27400名船员，组成庞大船队远航，先后访问了30多个西太平洋和印度洋的国家和地区，最远曾达非洲东部、红海、麦加，加深了明朝和南洋诸国（今东南亚）、西亚、南亚等的联系。至明宣德八年（1433年），郑和的船队一共远航了七次。明代故事《三宝太监西洋记通俗演义》将他的旅行探险称之为“三保太监下西洋”。

至于郑和为什么下西洋，则是众说纷纭，一说是为了宣扬大明威德，《明史·郑和传》中记载：“且欲耀兵异域，示中国富强。”一说是为了寻找建文帝朱允炆，《明史·郑和传》中记载：“成祖疑惠帝亡海外，欲觅踪迹。”一说是为了发展贸易，当时中国沿海大都市发展得十分繁荣，发展海外交通和海外贸易已经是十分迫切的事，郑和下西洋则堪使“国用羡俗”“宝物填溢”。除此之外还有各种各样的推测。

郑和下西洋是中国古代规模最大、船只最多、海员最多、时间最久的海上航行，比欧洲多个国家航海时间早几十年，是明朝国力强盛的直接体现。郑和的航行之举远远超过将近一个世纪之后的葡萄牙、西班牙等国的航海家，如麦哲伦、哥伦布、达伽玛等人，堪称是“大航海时代”的先驱，也是当时唯一的东方航海家。

汉学家：汉学家是研究汉朝历史的人吗？

汉学家是指专门从事汉学研究的外国专家，也就是研究中国的专家，特指从事研究中国学术与社会的非中国人或海外华人。在中国从事汉学研究的中国人不能称为汉学家。

汉学家的具体研究领域可能不同，有人研究中国绘画，有人研究中国文学，有人研究中国语言，但汉学家大多都会研究一些中国历史。

汉学家是在什么时候开始出现的呢？

16 世纪后，欧洲大批传教士来华，他们回国时，把有关中国的历史文化以及哲学书籍带回欧洲，引起了欧洲对中国的极大兴趣，在欧洲产生了很大的影响。18 世纪的欧洲各国掀起了反对封建专制和宗教束缚的启蒙运动，当时的中国正处于由康熙、雍正、乾隆统治的盛世繁荣时期，中国的圣贤哲学学说和人文思想与启蒙思想家们倡导的开明、理智产生了共鸣，于是，在 17 世纪末 18 世纪初，欧洲掀起了前所未有的"中国热"，出现了一批汉学家。

利玛窦是第一个伟大的汉学家，他能用地道的文言写《天主实义》，翻译《几何原本》。其实，最早的汉学家大都是业余人士，其中包括很多传教士。

"二战"以来，中国研究在西方逐渐学院化，学院派的汉学家偏重社会科学方法，研究领域十分宽泛，没有明确的学科分类。

后记

2019 年 10 月 13 日，在福建茶陵的“推动中印文化交流，架起中印人文金桥——谭云山精神学术研讨会”上，我与新世界出版社的副总编辑解琛女士一见如故，在会上、饭桌上深聊了几次，发现对“中国文化走出去”，我们有很多共同的看法。期间我谈起我所编写的这本书，介绍了书的体例、大致内容等等，她让我把书稿发给她，看能不能介绍到国外去。

所以说，本书的红娘，是解老师。

此书在新世界出版社立项后，李晨曦老师高效组织编写，不到一个月，就使本书华丽瘦身，更加条理清楚、精练易读。

新世界出版社在推动中国文化、文学走出去工作中为什么能居功至伟，我明白了其中的原因。

本书是在《中华文化问答录》（同济大学出版社，2016 年）基础上重新编订的，是团队合作的结果，期间得到了国家汉办、上海市教委、长三角兄弟高校的合力帮助和支持，在此一并致谢。

文化如水，润人无声。希望本书给读者带去甜美的阅读体验，希望你的房前，我的屋后，开出一样美丽的鲜花。

孙宜学

2020 年 8 月 10 日